LA DROGUE

FRANCIS CURTET

S ESSENTIELS MILAN

Sommaire

* Note : *Tous les mots suivis d'un astérisque sont définis dans les pages 60 et 61.*

la drogue

La drogue s'est intégrée à notre vie quotidienne. À tel point que certains voudraient nous faire croire qu'il s'agit d'une fatalité sur laquelle nous n'avons aucune prise, et qu'il ne nous reste plus qu'à vivre avec, en priant pour qu'elle nous épargne.
La réalité est tout autre. Symptôme d'une incapacité à surmonter d'énormes difficultés d'origine relationnelle ou sociale, la toxicomanie n'est pas une maladie, et encore moins une maladie chronique.
Sans espérer cent pour cent de réussite, on peut fort bien la traiter en aidant les toxicomanes à aborder et dépasser les problèmes qu'ils avaient cru, à tort, résoudre avec la drogue. Prise en charge difficile mais réalisable, qui repose avant tout sur la reprise de confiance en soi et d'estime de soi. Sans vouloir totalement supprimer certaines drogues, ce qui négligerait leur usage culturel et convivial, on peut tout de même éviter les toxicomanies. En aidant les adultes, et particulièrement les parents, à admettre leurs défaillances comme celles de leurs enfants. En les aidant à savoir poser des limites, à oser exprimer leurs émotions et leurs sentiments, en somme à être plus authentiques. En incitant les jeunes à cette même authenticité qu'ils pourront progressivement introduire dans leurs familles.
En référence à une valeur aussi indispensable que la solidarité, on peut être acteur de la prévention et, ce faisant, metteur en scène d'une vie qui prend un sens. Laissez l'illusion de la fatalité à ceux qui, par indifférence, lâcheté ou bêtise, cautionnent toutes les horreurs du monde.

Qu'est-ce que la toxicomanie ?

Sauf exception, ce n'est pas le produit, illégal ou non, drogue « douce » ou drogue « dure », qui fait la toxicomanie. La toxicomanie, c'est le mélange d'un besoin de fuite et de démesure.

Des toxicomanies plutôt qu'une toxicomanie

Il existe bien d'autres situations associant fuite et démesure : la fugue, les tentatives de suicide, la boulimie, l'anorexie, les maladies psychosomatiques. D'autres personnes peuvent devenir des drogués de la télévision, de la vitesse, de l'argent, du jeu, du pouvoir ou du travail. Dans tous les cas, on peut parler de conduites toxicomaniaques.

La motivation fait la toxicomanie

Une drogue est un produit qui va modifier notre perception neurosensorielle des choses et notre rapport à la vie. Il s'agit soit d'un excitant, soit d'un atténuant, soit d'une substance déformant la réalité.
Il existe des drogues légales et illégales. Le chocolat est une drogue, le café, le thé, le Coca-Cola et l'alcool aussi. Ce n'est donc pas l'illégalité qui fait la notion de drogue. L'erreur, souvent commise, est de se contenter de différencier les drogues qui créent des dépendances de celles qui n'en créent pas et d'attacher de l'importance au produit. Le produit en lui-même est secondaire.
En effet, dans l'immense majorité des cas, ce n'est pas le produit qui fait la toxicomanie, mais la motivation qui pousse à le consommer. On peut prendre une drogue pour des raisons multiples, mais certaines d'entre elles vont conduire à la toxicomanie.

Le besoin de fuir

Que cherche à fuir le toxicomane ? Une réalité quotidienne insupportable, des problèmes qui ont des origines sociales ou relationnelles, ou les deux à la fois.
La toxicomanie due à des problèmes sociaux graves est relativement récente. Elle touche des personnes qui n'ont aucun projet, sont en échec scolaire, et le seul horizon qu'elles distinguent, c'est celui de leurs parents : le chômage et la misère. Souvent, elles vivent dans des cités où rien n'est prévu pour se retrouver, se distraire. On peut alors comprendre leur besoin d'évasion.

Lorsqu'on parle avec un toxicomane, qui fuit une réalité sociale insoutenable, il dit souvent : « Surtout, il ne faut pas que je retourne dans ma cité. Là-bas, il n'y a rien d'autre à faire que se droguer, tous les dealers me connaissent. Il me faut un petit boulot et une petite femme qui m'aime… Une vie normale. »

La toxicomanie trouve également ses causes dans le domaine relationnel. Le toxicomane connaît des difficultés personnelles, qui se traduisent par une forte angoisse, la solitude, le sentiment de ne pas être écouté, de ne pas être aimé. Le problème se situe souvent dans la famille, avec les parents, piliers essentiels de la construction d'un enfant.

Pourquoi choisir la drogue qui ne résout absolument aucun problème ? Il y a parfois un facteur biologique. Des jeunes, à qui on a donné certains somnifères ou tranquillisants quand ils étaient nourrissons, seront plus avides à l'égard de produits tels que l'héroïne. Dans le cerveau, il y a une sorte d'activation au niveau des cellules captatrices des endorphines (*voir* p. 14). Mais aussi, depuis toujours, ils ont vu que, lorsqu'un problème se posait, leurs parents leur donnaient une sorte de potion magique. Un produit apportait ainsi la solution, à la place d'un échange relationnel avec les parents.

La démesure

Quand le toxicomane va mal, il prend un produit. Il a l'impression d'aller mieux et, ainsi, il a envie de reprendre le produit, le plus vite possible. À plus grande dose et de plus en plus souvent. Il n'y a pas de limites.

Comme un bébé, un toxicomane est quelqu'un qui veut tout et tout de suite. Il ne sait pas attendre.

Un enfant se construit à partir des limites qu'on va lui indiquer, qui lui permettront de se respecter lui-même et de respecter les autres. Sans elles, il va sombrer dans l'angoisse. Une angoisse qui peut s'aggraver et aboutir à un besoin de fuite.

On peut prendre une drogue, légale ou illégale, pour de multiples raisons. C'est avant tout une motivation de fuite qui conduit à la toxicomanie. Fuite d'une réalité insupportable, de problèmes sociaux ou relationnels graves. La démesure s'associe à la fuite. Le toxicomane ne connaît plus de limites.

Usagers de drogue et toxicomanes

Il faut faire la différence entre usager de drogue et toxicomane. L'usager prend un produit pour des raisons de convivialité, de plaisir, parfois de mode. Il ne va pas s'y accrocher, sauf cas rares. Le toxicomane, dans son désir de fuir la réalité, va se faire piéger par le produit, en devenir l'esclave.

Première rencontre avec la drogue

Un futur toxicomane se met en position de rencontrer la drogue. Plus ou moins inconsciemment, il va aller dans des lieux où on peut lui en proposer. Et dès que l'occasion se présente, il prend un produit. Dans son esprit, il n'a plus rien à perdre... L'instant de la rencontre avec un produit correspond souvent à un moment ou à une suite d'événements qui rendent la réalité insupportable.

Remarque

Si le haschisch est 9 fois sur 10 fourni par un copain, l'héroïne est en général proposée par un inconnu.

Les usagers de drogue

Ils prennent un produit de temps en temps, par plaisir, tout en étant conscients du danger que ce produit peut provoquer. Les usagers de drogue arrivent à concilier plaisir et mesure.

De nombreuses raisons les ont poussés à consommer, un jour, de la drogue. C'est le plus souvent la curiosité. Ils ont voulu connaître les effets de tel ou tel produit. Parfois, ils ont voulu affronter le risque parce qu'ils sont curieux de sensations fortes ou nouvelles.

Il y a également la pression du groupe. Beaucoup de jeunes fument une cigarette, du haschisch ou boivent de l'alcool parce qu'ils sont entraînés par d'autres, dans une bande.

C'est parfois un effet de mode. On prend de l'ecstasy (*voir* p. 10) dans une soirée « rave » pour mieux « apprécier » la musique techno. Ceux-là, bien souvent, méconnaissent les dangers encourus.

Dans certains milieux professionnels (la presse, l'édition, la mode, le spectacle...), on consomme de la cocaïne par snobisme.

Beaucoup prennent un produit par convivialité. Ils fument du haschisch comme on boit un apéritif.

Quand les usagers de drogue n'agissent que pour ces seules raisons, on ne peut pas dire qu'ils sont des toxicomanes. En revanche, s'ils usent d'un produit pour être mieux dans leur peau, pour surmonter leur timidité, pour pouvoir parler en groupe, là on peut dire que la drogue est utilisée comme un remède trompeur. On est alors bien près d'un comportement de toxicomane.

Les usagers susceptibles de devenir toxicomanes

Ce sont des gens qui prennent, par exemple, de la cocaïne. Au début, ils en utilisent par plaisir, par mode ou parce qu'elle leur donne un regain d'énergie. Ils ne fuient pas forcément un problème grave. Et puis, progressivement, ils finissent par en être complètement « accros* » ou dépendants. Leur organisme réclame le produit. Ils sont finalement devenus toxicomanes par ignorance des dangers du produit.

De même, des gens peuvent devenir alcooliques sans qu'ils aient pour autant de gros problèmes à fuir. Ils boivent dans l'exercice de leur profession (c'est parfois le cas des patrons de bars, des représentants, des journalistes…) ou dans leurs relations sociales. Ils tiennent le coup jusqu'au jour où ils s'aperçoivent qu'ils sont physiquement dépendants de l'alcool. Ils sont devenus toxicomanes.

Les toxicomanes

Face à une situation très pénible qui l'angoisse, un toxicomane s'imagine résoudre son problème en prenant un produit. Il a l'illusion d'aller mieux, que ses problèmes sont réglés. D'un seul coup, tout ce qu'il voulait fuir n'existe plus. Il se sent bien, c'est peut-être la première fois de sa vie. Il croit découvrir le bonheur alors qu'il ne s'agit que de plaisir. Mais le plaisir s'estompe rapidement. Et l'angoisse revient. Pour retrouver le même effet d'oubli, le toxicomane augmente les doses et la fréquence des prises. Il finit par vivre pour, par, et dans la drogue.

Assez vite, le toxicomane s'aperçoit qu'en fait il n'a rien résolu. Il a seulement mis ses problèmes à distance, sans pour autant les régler, tout en provoquant d'autres problèmes : marginalisation, exclusion, maladies, délinquance…

Les usagers de drogue peuvent arriver à concilier plaisir et mesure. S'ils n'agissent que par convivialité, agrément ou mode, il est rare qu'ils deviennent toxicomanes. En revanche, les toxicomanes prennent un produit pour fuir des problèmes en croyant trouver une solution. Mais la drogue ne résout rien et ils vont s'en apercevoir progressivement.

Toxicomanie : flirt avec la mort

Les toxicomanes n'ont pas peur de la mort mais ils ont souvent besoin de la frôler pour se sentir vivre. Par contre, la souffrance leur fait terriblement peur.

Amoureux de la vie à en mourir

Contrairement à ce qu'on croit, les toxicomanes n'ont pas envie de mourir, sauf à certains moments de dépression. En fait, ils se fichent de la mort mais ils ont besoin de la frôler pour savoir qu'ils vivent et, peut-être, pour avoir envie de vivre. D'ailleurs, on peut, à ce propos, citer Aragon qui écrivait : « amoureux de la vie à en mourir ».

Les toxicomanes n'ont pas peur de la mort. Dès lors, toute action de prévention axée sur la mort ne servira pratiquement à rien. Une toxicomane a déclaré un jour : « Je préfère mourir comme un dieu que vivre comme un cloporte ». Et c'est bien ainsi qu'ils perçoivent la mort, par overdose.

Causes de décès

Pendant très longtemps, les overdoses dominaient les causes de décès chez les toxicomanes. Il y a quelques années, l'association le Trait d'union constatait les chiffres suivants : sur 31 décès, on dénombre
– overdose : 16
– suicide : 7
– accident de la route : 3
– assassinat : 2
– sida : 2
– maladie (autre que le sida) : 2

La peur de souffrir

Par contre, ils ont très peur de la souffrance. Ils ont même peur des piqûres et pourtant ils se piquent. C'est parce qu'ils ont peur de souffrir qu'ils retardent le moment d'un décrochage* physique, d'un sevrage. Pour éviter toute souffrance, ils désirent avoir un produit apparenté à une drogue, quitte à relayer une dépendance illégale par une dépendance légale. Cela explique aussi qu'une proportion importante de toxicomanes ait cessé de partager ses seringues, en partie grâce à la mise en vente libre de celles-ci. Mais aussi et surtout quand ils ont enfin vu et compris que la mort par le sida est une longue agonie douloureuse, une lente souffrance en pleine lucidité. La mort interviendrait par un brusque arrêt du cœur, ils s'en ficheraient !

À l'heure actuelle, le nombre de décès dus au sida commence à dépasser celui des overdoses.

Aller à la limite

Si on fait valoir le risque de souffrance à un toxicomane, il est possible que cela le détourne en partie ou provisoirement de la toxicomanie. Ce qui n'est pas le cas avec le risque de mort. Quand on ne se sent pas bien, on ne se sent pas existant. Il faut alors côtoyer la mort pour savoir que l'on vit. Aller à la limite pour se dire : « Là, je vis ».

Paradoxalement, un nombre important de toxicomanes, en apprenant leur séropositivité, « revivent ». La mort est là, à échéance plus ou moins lointaine, mais certaine. Ils trouvent dès lors un vrai prix à l'existence. La mort donne sa valeur à la vie. Et, plus souvent qu'on ne le croit, ils quittent la drogue, travaillent, vivent en couple. La mort devient quelque chose de tangible. La vie également…

Les toxicomanes frôlent la mort mais ils ne la recherchent pas. Ils ont besoin de l'approcher pour savoir qu'ils vivent et peut-être pour avoir envie de vivre. Par contre, ils ont très peur de la souffrance, ce qui explique leur crainte du sevrage physique.

Les produits

Les produits agissent sur le cerveau, modifiant les comportements et les sensations. Certains sont autorisés (café, thé, alcool, tabac, médicaments...). D'autres sont des drogues illicites. Mais aucun n'a le pouvoir de résoudre le moindre problème.

L'alcool et le tabac sont-ils des drogues ?

Bien sûr ! Le sevrage brutal d'un alcoolique, sans traitement adéquat, peut même entraîner la mort par *delirium tremens* (*voir* p. 14), tant la dépendance est importante. Un alcoolique a besoin de prendre chaque jour une certaine quantité d'alcool. Un gros fumeur a besoin de nicotine. Ces deux produits détériorent la santé et entraînent des maladies graves. L'alcool (40 000 morts par an). Il est à l'origine de nombreux accidents de la route. En cas de prise brutale excessive, il peut provoquer un coma éthylique mortel. Le tabac conduit aux maladies pulmonaires ou cardiaques et aux cancers. Il est responsable de la mort de 50 000 personnes par an.

Les drogues licites

Le thé, le café et le Coca-Cola contiennent de la caféine ou de la théine qui sont des excitants. Ils provoquent une stimulation intellectuelle et physique légère mais bien réelle. Une trop grande consommation de ces produits peut rendre irritable ou insomniaque.

Absorbés en grande quantité, le tabac et l'alcool agissent également comme des drogues.

Par ailleurs, les médicaments contre l'angoisse (les anxiolytiques*) et contre l'insomnie (les somnifères) permettent de se détendre ou de s'endormir. Mais déviés de leur usage et de leur posologie, ils deviennent des drogues qui enivrent, excitent et peuvent rendre agressifs. En cas de surdosage, ils peuvent avoir des conséquences graves (coma, mort).

D'autres médicaments peuvent également devenir dangereux : les antidépresseurs, les amphétamines (coupe-faim), et bien sûr les stupéfiants* comme la morphine, le palsium, le dolosal, la méthadone, le temgésic, le subutex, le moscontin, le skénan. Les solvants (trichloréthylènes, éther, colles fortes, eau écarlate, essences) dégagent des vapeurs toxiques que l'usager respire. Ils enivrent et font perdre le contact avec la réalité. Ils provoquent aussi des vomissements et des vertiges. À moyen terme, ils peuvent abîmer le cerveau, le foie et les reins. Mais à court terme, il y a des risques de mort par œdème aigu du poumon ou bien par asphyxie (le jeune met la tête dans un sac pour majorer les effets).

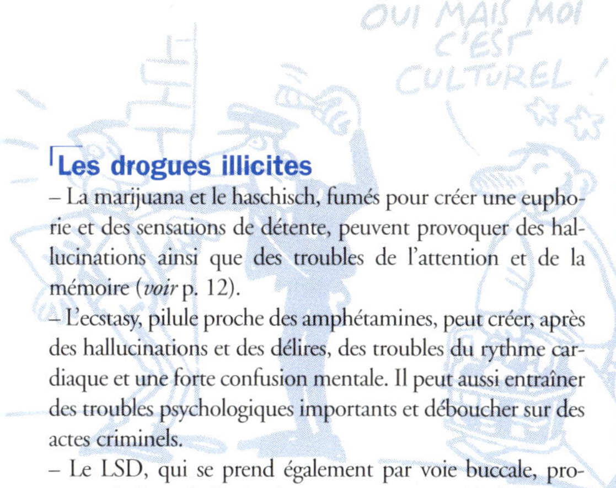

Les drogues illicites

– La marijuana et le haschisch, fumés pour créer une euphorie et des sensations de détente, peuvent provoquer des hallucinations ainsi que des troubles de l'attention et de la mémoire (*voir* p. 12).
– L'ecstasy, pilule proche des amphétamines, peut créer, après des hallucinations et des délires, des troubles du rythme cardiaque et une forte confusion mentale. Il peut aussi entraîner des troubles psychologiques importants et déboucher sur des actes criminels.
– Le LSD, qui se prend également par voie buccale, provoque de fortes hallucinations pouvant mener à la folie et au suicide. Les effets du LSD peuvent disparaître pour revenir spontanément quelques mois plus tard.
– L'héroïne provient d'une plante, le pavot, d'où est extrait l'opium, dans un premier temps transformé en morphine. Elle est fumée, inspirée par le nez ou injectée dans les veines. Le flash est le plaisir recherché, une sensation brève et intense de bien-être. Mais les effets sont de courte durée et il faut augmenter les doses. Le produit provoque alors la perte d'appétit, la chute des dents, une dégradation globale de l'organisme… L'overdose d'héroïne déclenche une dépression respiratoire mortelle.
– La cocaïne vient de la feuille de coca. C'est une poudre blanche qui est souvent « sniffée », parfois injectée. Elle donne une forte mais brève stimulation. En fait, elle endommage le cœur, détruit le système nerveux et abîme l'intérieur du nez. Elle peut aussi provoquer, en réponse à l'excitation artificielle, des états dépressifs graves. Une overdose entraîne parfois un accident cardiaque.
– Le crack est de la cocaïne mélangée à des produits chimiques. Il se fume en produisant des crépitements, d'où le nom de crack. Il se présente sous forme de pastilles jaunes qui, en brûlant, dégagent des gaz toxiques. Les effets sont violents : stimulation très forte, surexcitation avec risques de passage à l'acte dangereux pour soi et pour autrui. Les usagers ont souvent des problèmes respiratoires, des pertes de mémoire, des périodes dépressives, parfois suicidaires. En état de manque, ils peuvent avoir des comportements violents.

Quelques chiffres

En France aujourd'hui, sur quatre toxicomanes, on dénombre trois hommes et une femme. Ils proviennent de tous les milieux sociaux. Près de 160 000 personnes prennent de l'héroïne en France. Environ 50 000 personnes consommeraient de la cocaïne.

Le thé, le café, le tabac, le Coca-Cola, l'alcool, les médicaments, les solvants… sont des drogues licites, vendues dans le commerce. Le cannabis, l'héroïne, la cocaïne, le LSD, le crack ou l'ecstasy sont des drogues illicites dont l'usage est interdit par la loi. La distinction licite/illicite répond plus à des critères culturels qu'à une notion de dangerosité.

Le cannabis : un problème particulier

Le débat est ouvert : faut-il dépénaliser ou légaliser le haschisch, considéré comme drogue « douce » . Il faut savoir que le cannabis, utilisé régulièrement en France par un million de personnes, est un produit ni anodin ni catastrophique. Explications.

Origines et aspects

La marijuana et le haschisch proviennent du cannabis, également appelé « chanvre indien », une plante cultivée notamment au Mexique, en Afghanistan, au Pakistan, au Maroc ou au Liban.

Les feuilles et les fleurs séchées du cannabis donnent la marijuana. Sa résine donne le haschisch. La marijuana se fume sous forme de feuilles séchées. Le haschisch, de couleur brunâtre, a la forme d'une barrette de deux ou trois grammes .

Effets et conséquences

Ces deux produits sont fumés pour obtenir une sensation d'euphorie et de détente. Mais, à forte dose, ils peuvent provoquer des hallucinations, des crises d'anxiété et même de panique. Ils conduisent à la perturbation de certaines notions (distance, temps…), à la perte de vigilance, à la déconcentration. Au bout d'un certain temps, ils peuvent amener des troubles de la mémoire et des ralentissements de la pensée. L'atteinte des poumons est voisine de celle causée par le tabac.

La réalité sur les dangers

Contrairement à ce que certains racontent, le cannabis ne conduit pas forcément à l'héroïne. L'escalade survient dans moins de 5 % des cas. À l'inverse, le cannabis n'est pas inoffensif, contrairement à ce que d'autres soutiennent. Il présente deux dangers majeurs :

– une démotivation et une déconnection par rapport à la réalité. Cette perte de motivation peut être préjudiciable en périodes d'études et d'examens ;

– un état proche de l'ébriété et une baisse des réflexes avec risques d'accident lors de la conduite d'un véhicule.

Les consommateurs de cannabis

Le cannabis reste la plus consommée des drogues dans le monde. On parle de 20 millions d'usagers aux États-Unis.

En France, c'est la drogue illicite la plus consommée (un million de consommateurs réguliers), loin derrière les drogues licites que sont le tabac et l'alcool.

Selon l'Observatoire français des drogues et des toxicomanies, 12 % des jeunes scolarisés, de 11 à 19 ans, ont goûté au haschisch.

Selon un sondage SOFRES effectué avec l'association Grande Écoute (juin 1992), près de 5 millions de Français auraient essayé, ne serait-ce qu'une fois, le haschisch.

17 % des mineurs ont été sollicités mais seuls 6 % se sont laissé tenter.

Ceux qui goûtent au cannabis le font surtout par plaisir et par curiosité, mais 10 % des utilisateurs en prennent dans l'espoir de se « remonter le moral ».

Enfin, seuls 2 % des usagers de cannabis interrogés ont déclaré prendre également de la cocaïne ou de l'héroïne. En France, 62 % des personnes interpellées pour usage de drogue le sont pour détention de cannabis.

Ni dramatisation, ni banalisation

S'il est important de ne pas banaliser l'usage du cannabis, le dramatiser est encore plus toxique que le produit lui-même. Cela aboutit à créer la panique dans les familles. Celles-ci risquent d'étiqueter leur enfant comme un drogué alors qu'il n'a fait qu'une expérience, peut-être sans lendemain.
Un dialogue serein ne peut s'établir dans les familles : pour expliquer les réels inconvénients du cannabis, pour prendre en compte les rares cas où sa consommation révèle une difficulté à être.

Ni anodin ni catastrophique, le haschisch, issu du cannabis, est la drogue illicite la plus consommée en France. Son usage est interdit par la loi, mais un débat est ouvert sur l'opportunité ou non de le légaliser.

Comment la drogue agit-elle ?

Pour bien comprendre comment une drogue agit sur l'organisme humain, on peut prendre l'exemple de l'héroïne.

Les endorphines freinent la douleur

Des substances chimiques circulent dans notre corps, entre deux neurones. On les appelle les endorphines. Elles ont pour rôle de diminuer la douleur. Nous en fabriquons en permanence : beaucoup lorsque nous faisons des efforts physiques, très peu lorsque nous sommes au repos. Privés d'endorphines, nous ressentirions chacun de nos mouvements, chaque petite douleur comme une véritable souffrance.

L'héroïne remplace les endorphines

L'opium, la morphine et l'héroïne sont analgésiques : ils suppriment eux aussi la douleur. Ils prennent la place des endorphines avec un effet beaucoup plus puissant. L'héroïnomane ne ressent plus ni douleur ni tension. Il n'a plus froid, plus faim, mais, petit à petit, son organisme cesse de fabriquer des endorphines, puisque la drogue a pris leur place. L'héroïne freine les douleurs en permanence, mais de façon artificielle. Elle devient indispensable.

Le sevrage physique

Lorsqu'un toxicomane arrête de prendre de l'héroïne, son cerveau met plusieurs jours avant de s'apercevoir que l'organisme ne fabrique plus d'endorphines. Pendant ce temps, plus rien ne protège le toxicomane contre la douleur. Il souffre alors terriblement.

Il existe des médicaments, bien distincts des stupéfiants, qui l'aident à traverser ce moment pénible. Au bout d'une semaine, le corps du toxicomane peut se passer d'héroïne. Mais rien n'est réglé psychologiquement et socialement. Il faut encore et toujours poser et résoudre la même question : À quoi a-t-il voulu échapper en prenant de l'héroïne ?

Drogue douce ou drogue dure ?

La différence entre drogue « douce » et drogue « dure » repose sur la notion de dépendance physique. S'il y a dépendance physique, c'est une drogue « dure ». Cette distinction, trop basée sur le produit, présente l'inconvénient de ne pas tenir compte de la motivation, élément majeur pour évaluer une toxicomanie. Autre source de confusion : « douce » ne veut pas dire anodin. Le LSD, par exemple, est très dangereux et le cannabis entraîne de réels problèmes, même s'il possède une dangerosité sans commune mesure avec celle de l'héroïne.

La dépendance physique

Il y a dépendance physique si, sur le plan biologique, l'action du produit sur l'organisme est tel que l'arrêt brutal de sa consommation crée des troubles physiques importants chez l'usager.

Autrement dit, l'usager ne peut plus se passer de prendre une drogue sous peine de souffrances importantes. On dit qu'il est toxicodépendant ou « accro* ».

Ainsi, le manque d'héroïne va se traduire par des malaises (sueurs, tremblements, nausées…), des douleurs intenses, une insomnie et une forte angoisse.

Mais cet état de manque, tout en étant douloureux, n'entraîne pas la mort.

En revanche, un sevrage brutal de l'alcool provoque ce qu'on appelle le *delirium tremens.* Ce sont des troubles de la régulation, de la température, du métabolisme*, avec un délire qui se déclenche et un risque mortel.

On ne peut arrêter l'héroïne du jour au lendemain sans ressentir d'importants troubles physiques. Ce qui empêche souvent les toxicomanes d'arrêter, c'est la peur du syndrome de manque, la peur de la souffrance. Certains vont alors préférer un traitement de substitution plutôt qu'un traitement des symptômes. Plutôt un médicament qui évite la douleur, quitte à créer une autre dépendance, qu'un médicament qui ne fait qu'atténuer la douleur mais supprime la dépendance.

Les drogues agissent directement sur le cerveau humain. L'héroïne, par exemple, supprime biologiquement° toute douleur. Mais quand l'héroïnomane arrête, les souffrances réapparaissent de façon encore plus vive.

La drogue dans le monde

Le pavot, la coca et le cannabis, d'où sont issus l'héroïne, la cocaïne et le haschisch, sont récoltés et transformés en Afrique, en Asie et en Amérique du Sud. Dans de nombreux pays pauvres, cultiver ces plantes est une question de survie économique.

Les zones de production du pavot

Le Pakistan, l'Iran et l'Afghanistan forment ce qu'on appelle le Croissant d'Or, la Birmanie, le Laos et la Thaïlande, le Triangle d'Or.

Le Triangle d'Or est le premier producteur et exportateur d'héroïne : 2 500 tonnes d'opium par an. Les pays du Croissant d'Or produisent 70 % de l'héroïne consommée dans les pays européens. L'héroïne du Croissant d'Or transite par l'Afrique, les Balkans ou l'Europe méditerranéenne, avant d'arriver aux Pays-Bas ou en France. Dans ces deux régions d'Asie, les surfaces plantées en pavot ont tendance à augmenter.

Depuis quelques années, certains pays de l'ex-Union soviétique (Ouzbékistan, Kazakhstan…), ainsi que des États africains (Kenya, Nigeria, Bénin) produisent eux aussi du pavot.

Les zones de production de la coca

Avec 220 000 tonnes par an, le Pérou est le plus gros producteur de coca du monde. La cocaïne vient aussi de Colombie, de Bolivie et d'Équateur, qui fournissent les pays européens et les États-Unis. Elle transite par le Brésil et l'Argentine. Les feuilles de coca sont également récoltées au Kenya et au Nigeria.

Dans les pays d'Amérique latine, des mouvements de guérillas subsistent grâce à la production et à l'exportation de coca. Pendant longtemps, au Pérou, les rebelles du Sentier lumineux (d'inspiration maoïste) ont contrôlé le trafic de coca. L'argent récolté leur permettait de se procurer des armes. Les gouvernements eux-mêmes sont parfois mêlés au trafic de drogue. C'est le cas au Pakistan. En Bolivie, l'argent de la drogue représente 75 % des devises qui rentrent chaque année dans le pays. Une situation que le gouvernement ne cherche pas à contrarier.

Les zones de production de cannabis

Le cannabis, qui donne la marijuana et le haschisch consommés en Europe, est cultivé au Liban (premier producteur avec plus de 600 tonnes par an) et au Maroc. Les Américains se fournissent au Mexique. L'Afghanistan et le Pakistan sont eux aussi des producteurs de cannabis.

L'exemple de la Bolivie

Un Bolivien sur six gagne sa vie grâce à la production de la coca. Ce sont des paysans qui cueillent les feuilles de coca et les font sécher.

Des trafiquants leur achètent ces feuilles de coca pour les acheminer vers des laboratoires clandestins, dissimulés dans la forêt, et les transformer ensuite en cocaïne. Celle-ci revêt alors la forme d'une pâte puis celle de poudre blanche.

La Bolivie produit 80 000 tonnes de feuilles de coca par an qui donnent environ 100 tonnes de cocaïne. Une petite partie sert à fabriquer des médicaments pour le foie et la digestion. Le reste est acheminé vers les États-Unis et l'Europe.

Chiffres

Il faut 10 kilos d'opium pour fabriquer 1 kilo d'héroïne pure et 500 kilos de feuilles de coca pour fabriquer 1 kilo de cocaïne.

De nombreux pays produisent de la drogue. Le pavot est cultivé en Asie. Il est transformé en héroïne. La coca, qui donne la cocaïne, vient surtout d'Amérique du Sud. Le cannabis est plutôt produit au Liban et au Maroc. Pour les habitants pauvres de ces pays, la culture de ces plantes est une question de survie économique.

Prise en charge : de l'appel au secours au retour à l'autonomie

Quand le toxicomane s'aperçoit que la drogue n'a rien réglé et qu'il est dans la « galère », il demande de l'aide. Il faut à ce moment nouer une relation de confiance avec lui et l'aider à résoudre les problèmes qui l'ont conduit à se droguer. Un parcours difficile commence alors, le long duquel le toxicomane devra être accompagné et soutenu pour retrouver son autonomie.

Le SOS

Tôt ou tard, un toxicomane lance un appel à l'aide. Cela ne se produit que très rarement dans ce qu'on appelle la « période de lune de miel » : c'est le moment où le produit lui donne l'illusion du bonheur et où il croit que tout va se régler grâce au produit. Cette période dure environ un an.
Et puis, le plaisir disparaît, l'angoisse est totale, le toxicomane s'est mis en marge de la société, il a besoin d'énormément d'argent, il a perdu son travail, ses contacts familiaux, il vit dans l'horreur. Alors, il appelle au secours : sa famille, des amis, un médecin… Si cette demande est dirigée vers un soignant, il faut à ce moment-là nouer une relation de confiance avec lui.
Souvent, il se passe cinq à six ans avant qu'il s'adresse à une institution spécialisée. Ce qui ne veut pas dire qu'il n'a pas appelé au secours auparavant. Pour raccourcir ce délai, il faudrait prodiguer une meilleure information, qu'il connaisse le numéro de Drogues Info Service, les différentes possibilités d'aide, la nature exacte de cette aide. Sans doute faut-il aller à sa rencontre ? Distribuer des seringues à des toxicomanes peut être, outre un moyen de prévention du sida, une occasion de les rencontrer pour les informer et leur dire que des personnes peuvent les aider à résoudre leurs problèmes.

Drogues Info Service

Il n'est pas normal que des toxicomanes ou leurs familles se désespèrent sans savoir qu'il existe peut-être, non loin de chez eux, des structures où ils pourraient être aidés et conseillés. C'est l'une des fonctions du service Drogues Info Service (0 800 23 13 13), numéro vert gratuit et anonyme, qui répond aux appels 24 heures sur 24 (*voir* p. 58).

Un accompagnement social et relationnel

Quand il demande de l'aide, il faut savoir nouer une relation de confiance avec le toxicomane et très vite identifier ce qui l'a conduit à la drogue. Qu'a-t-il voulu fuir ? Est-ce une toxicomanie qui vient d'un problème social ou d'un problème relationnel, ou des deux à la fois ?

Si le problème social domine, il faut faire preuve d'imagination. Trouver dans la famille, ou parmi les amis, qui pourrait l'accueillir pour opérer une coupure géographique. Trouver, avec l'aide des services sociaux, des possibilités de formation professionnelle, d'insertion dans le marché du travail.

Si c'est le problème relationnel qui l'emporte, le toxicomane ne sera sorti d'affaire que lorsqu'il aura réussi à mettre à plat son histoire, pour la remettre en cohésion avec des émotions qu'il a éprouvées à un moment donné et qu'il n'a pu exprimer. Il utilisera alors progressivement ses ressources personnelles pour dépasser le problème. Il va apprendre aussi à attendre, à différer une angoisse. Jusque-là, c'était tout et tout de suite. La notion de lenteur est importante.

C'est un parcours difficile et douloureux, où il devra être accompagné et soutenu par un soignant. Cela prend du temps. Deux ans en moyenne.

Si un toxicomane se contente de sevrages physiques, sans aborder les problèmes de fond, la nécessité de se droguer reviendra. Psychologiquement, il aura encore besoin de la drogue.

Il faut savoir que plus de la moitié des pensionnaires des postcures (*voir* p. 22) parviennent à s'insérer ensuite dans la vie, libres de toute drogue, autonomes. Raison de plus pour améliorer ces résultats en multipliant les possibilités de prise en charge.

Tôt ou tard, un toxicomane va appeler au secours. Il faut alors apprécier les raisons de sa toxicomanie. Est-ce un problème relationnel ou un problème social ? Ensuite, les thérapeutes aideront le toxicomane à découvrir et à jouer ses atouts personnels pour régler lui-même son problème.

L'entrée en scène du médecin

Le recours aux médecins dans la prise en charge d'un toxicomane est ponctuel. Il survient essentiellement lors du sevrage physique, pour prévenir et traiter les complications organiques liées à la drogue ou au partage de seringues : overdose, sida, hépatites...

Généralistes et toxicomanie

C'est une association nationale créée par des médecins généralistes qui se sont organisés en réseaux pour mieux appréhender le problème de la toxicomanie. Ils participent à des séminaires de formation où ils apprennent à ne plus avoir peur de la drogue. Ils acquièrent une compétence en la matière et prennent conscience qu'ils ne doivent pas travailler seuls mais avec les centres spécialisés et les pharmaciens. Ces médecins – environ 800 en France – peuvent faire des évaluations avec les parents et les jeunes, prendre en charge et orienter des toxicomanes.

Le sevrage physique

Face à la maladie « sociétale » que représente la toxicomanie, le médecin n'est pas toujours le mieux placé pour aider un toxicomane. Son intervention est cependant essentielle à certains moments.

Lors de la cure de sevrage, le toxicomane va ressentir le syndrome de manque associant trois symptômes : douleurs, angoisse et insomnie. Le médecin doit alors prescrire un antalgique*, un anxiolytique* et un somnifère pour réduire ces symptômes. Il doit essayer, autant que faire se peut, de choisir des médicaments non apparentés à la drogue, pour éviter de créer une nouvelle dépendance. Ces médicaments existent et il n'y a pas lieu de laisser souffrir un toxicomane. Le traitement dure environ une semaine pour sevrer une personne de l'héroïne, deux semaines pour la méthadone* et trois semaines pour le néocodion* ou les barbituriques*.

Le sevrage physique peut se faire en ambulatoire, c'est-à-dire qu'on n'a pas besoin d'être hospitalisé. Le médecin généraliste établit une prescription pour une semaine. Le mieux est que le sujet vienne voir le médecin tous les jours pour ne pas être tenté de prendre tous les médicaments d'un coup.

Le sevrage peut se faire en hôpital si le toxicomane est très accroché, s'il est incapable de se discipliner ou de résister à la tentation de prendre de la drogue dans la journée. Dans ce cas, mieux vaut l'hospitalisation dans un service de médecine interne ou de gastro-entérologie, avec un seul toxicomane par service, dans une chambre individuelle, sans visites et avec un traitement codifié. Malheureusement, trop peu de services hospitaliers sont préparés à ce mode de prise en charge.

Prévention et traitement des complications

La prévention des complications liées à la drogue et au partage des seringues constitue une bonne part de ce qu'on appelle « la réduction des risques » (*voir* pages 32 à 35). Le traitement de ces complications concerne bien évidemment le médecin. En tout premier lieu, celui des complications mortelles brutales : œdème aigu du poumon ou asphyxie par usage de solvants volatils, états de déshydratation aiguë par usage d'ecstasy, troubles du rythme cardiaque par emploi d'ecstasy, d'amphétamines* ou de cocaïne, comas et dépressions respiratoires par overdose d'héroïne, de méthadone ou d'autres opiacés*…

D'autres complications sont liées au partage des seringues : abcès, septicémies*, endocardites*, et surtout sida et hépatites*.

D'autres complications enfin concernent plutôt les psychiatres : confusion mentale ou délires consécutifs à l'absorption de LSD, états de surexcitation paroxystique* induits par le crack, les amphétamines*, l'ecstasy, la cocaïne ou les barbituriques.

Les limites de la médecine

La prise en charge sur le plan social ou relationnel d'un toxicomane dépasse souvent la disponibilité et les capacités d'un médecin. Cependant, certains généralistes ont su se préparer à cette approche difficile. D'ailleurs, la prise en charge n'a pas à être médicalisée ni même psychiatrisée. Le sevrage physique n'est que le début du parcours.

L'essentiel est d'aider le toxicomane à dénouer ce qui l'a amené à la drogue. Aborder les causes et trouver des solutions pour passer les caps difficiles. La qualité d'écoute demandée au « soignant » (qui n'est pas obligatoirement un médecin ou un psychiatre) est immense. Dans la majorité des institutions, ces « soignants » sont des éducateurs, des psychologues, des animateurs, des travailleurs sociaux, parfois des artisans ou des cultivateurs. Ce qui compte, pour aider un toxicomane, c'est de posséder une formidable qualité d'écoute et de compréhension. Avec, pour exigence, de ne pas régler ses propres problèmes sur le dos des gens que l'on prétend aider.

Au cours du sevrage physique, le toxicomane connaît le syndrome de manque. Ce qui demande l'intervention d'un médecin. Même chose pour le traitement des complications liées à la drogue et au partage des seringues. Par contre, la prise en charge relationnelle ou sociale peut mobiliser d'autres intervenants.

Prise en charge psychologique ou relationnelle

La mise à plat des problèmes relationnels à l'origine d'une toxicomanie nécessite, pendant de longs mois, un accompagnement et une remise en confiance. Pour ce faire, les postcures sont probablement les structures les plus adaptées. Malheureusement, la France ne possède pas assez de ces lieux de vie.

Accompagner, remettre en confiance

Dans la plupart des cas, des problèmes relationnels sont à l'origine de la toxicomanie. Les aborder et les résoudre va demander une technique différente des prises en charge psychiatriques. La psychanalyse n'est pas adaptée pour ces personnes qui n'osent même plus exprimer ce qu'elles ont enfoui en elles. Même une psychothérapie classique risque d'être inappropriée.

Il faut surtout prodiguer un accompagnement, une remise en confiance, une réassurance. Quand on sait le poids d'angoisse qui submerge un toxicomane, et les relances dont il peut faire l'objet à tout moment de la part des dealers, on peut craindre que les deux ou trois parenthèses hebdomadaires, fournies par un thérapeute, ne soient pas suffisantes pour éviter les rechutes.

Cette méthode peut marcher lorsque les problèmes à l'origine de la toxicomanie ne créent pas une angoisse trop explosive et lorsqu'existent, par ailleurs, de solides amarres familiales et professionnelles.

Postcure : un lieu protecteur

La meilleure formule consiste souvent en l'hébergement du toxicomane, pendant plusieurs mois, dans un lieu qui devient sa maison. Il y est assuré de s'exprimer à son rythme, face à des gens qui l'écoutent sans le juger, sans se moquer, sans le condamner. Là, les angoisses peuvent se traduire en mots, en pleurs, en émotions et non en passages à l'acte et en shoots*. Particulièrement immatures, les toxicomanes se comportent souvent comme des enfants. Ils vous parlent quand vous êtes occupés, quand vous conduisez ou quand vous faites la cuisine. L'air de rien, à ce moment-là, ils vous disent des choses essentielles. C'est alors qu'il faut être disponible dans un lieu qui les abrite et les protège. La bonne durée de séjour varie entre quatre et huit mois.

Ce type de prise en charge peut être réalisé en familles d'accueil, lorsque le sujet a besoin d'une aide très individualisée, ou en postcure (vie en collectivité).

Et après ? Il faut trouver un lieu pour vivre, opérer une réinsertion sociale et professionnelle (souvent préparée par la postcure). Il faut rapidement consolider la personnalité par quelques entretiens hebdomadaires tenus pendant plusieurs mois. À ce stade, c'est faisable. Le plus gros de l'angoisse est passé, mais tout n'est pas encore résolu. La prise en charge d'un toxicomane dure en moyenne de un an et demi à deux ans.

Manque de places

Malheureusement, il n'existe pas, en France, assez de places en postcures (1 000 environ alors qu'il en existe 10 000 en Italie). Aussi, les huit dixièmes des demandes ne peuvent être satisfaits. Les délais d'admission atteignent souvent trois ou quatre mois avec un énorme risque de rechutes avant l'accueil. L'État devrait impérativement multiplier ces structures, de même que le nombre de familles d'accueil et de centres d'hébergement d'urgence.

Convention et subvention

La majorité des postcures, qu'elles soient rurales ou urbaines, sont dirigées par des associations. Celles-ci ont passé une convention avec la Direction départementale de l'action sanitaire et sociale (DDASS) qui, elle-même, reçoit de l'argent du ministère de la Santé.

Il faut évaluer le poids d'angoisse que porte le toxicomane. La meilleure formule est la postcure, un lieu de vie où il sera écouté et protégé. Problème : les places en postcure ne sont pas assez nombreuses en France.

Règles de prise en charge en postcure

Quand un toxicomane demande à être accueilli en postcure, il a, au préalable, quelques entretiens avec les thérapeutes. Si ces derniers considèrent que la postcure est adaptée à sa toxicomanie, ils lui proposent un contrat précisant ce qu'il peut attendre des thérapeutes et ce qu'on attend de lui. Modèle de contrat.

La période de rupture

« Pendant les trois premières semaines, vous allez connaître ce que nous appelons la période de rupture. C'est-à-dire que vous n'aurez pas l'autorisation de sortir seul, ni de téléphoner, ni de recevoir des coups de téléphone. Vous serez en permanence avec les thérapeutes. Cette période ne doit pas être perçue comme un enfermement supplémentaire. Simplement, l'expérience nous a appris qu'en sortant de prison, ou bien à l'issue d'un sevrage physique, vous allez obligatoirement connaître une période de passage à vide intense et peut-être d'angoisse. Lors des premiers jours que vous vivrez avec nous, vous serez encore tenté par la drogue. Il vous faudra un certain temps pour l'oublier et pour réapprendre progressivement à parler de vous, de ce qui vous tracasse, avec des gens qui sont là précisément pour vous écouter.

Emploi du temps

Pendant la durée de votre séjour, vous serez logé et nourri gratuitement. Votre temps sera partagé entre les entretiens réalisés seul ou en groupe avec les thérapeutes, la participation active aux tâches de la maison, des activités de loisirs décidées en équipe, la recherche d'un emploi et d'un logement, la reprise de contact avec votre famille (si vous le souhaitez)… En somme, le pavillon thérapeutique n'est ni une maison de repos, ni un club de vacances, encore moins une prison. C'est au contraire un lieu de vie, votre maison pour quelques mois, où nous allons essayer de vous aider à mettre à

plat le plus gros des problèmes que vous aviez préféré fuir dans la drogue. Nous allons vous aider également à établir des points d'ancrage à l'extérieur, de façon à ce que vous puissiez être indépendant et autonome.
Quelques mois de séjour seulement constituent un délai bien court pour démêler tout ce que vous gardiez en vous. C'est suffisant pour que vous puissiez amorcer solidement la démarche qui vous permettra de vous défendre dans la vie par des moyens différents et aboutir à une existence harmonieuse que vous aurez choisie vous-même. Si vous voulez qu'il ne s'agisse pas d'une simple amorce mais d'un virage définitif, nous vous conseillons de poursuivre, après votre départ et plusieurs fois par semaine, des entretiens avec une personne en qui vous avez confiance, et cela pendant des mois ou des années, jusqu'au jour où vous n'aurez plus besoin de nous.

Règles de vie

Vivant en collectivité, vous devrez respecter certaines règles :
– pas de drogue (même pas un joint), pas d'alcool à l'intérieur comme à l'extérieur du pavillon ;
– pas de médicaments. Si vous êtes malade, nous vous amènerons chez un médecin ;
– pas de violence. Si quelque chose vous déplaît, vous pouvez nous le dire, nous sommes capables d'écouter ;
– participation réelle aux tâches de la maison. Dans un pavillon thérapeutique, personne n'est au service de l'autre ;
– pas d'organisation de votre emploi du temps sans l'avis et l'accord des thérapeutes.
Un dernier point : si nous sommes amenés à établir un certificat à l'intention de la Justice pour vous permettre de venir chez nous, nous serons tenus de rendre compte de tout départ qui pourrait survenir sans notre accord.
Nous demandons de votre part un minimum de participation active. Nous allons vous aider à vous aider vous-même. Vous serez le principal acteur et artisan de votre décrochage. »

En postcure, ni drogue, ni violence ni sortie sans l'accord de l'équipe de thérapeutes. Place à l'écoute, au dialogue et à la reconstruction personnelle : « aide-toi toi-même ! »

Prise en charge sociale et réinsertion

Le toxicomane qui tente de sortir de la toxicomanie doit retrouver une couverture sociale, régler ses problèmes financiers et trouver un logement. Son objectif est de se réinsérer socialement, de rentrer dans la légalité.

Le rôle des institutions

La réinsertion est très compliquée parce que le toxicomane s'est marginalisé. Il a parfois coupé tout lien avec sa famille. De plus, la situation économique et sociale est aujourd'hui particulièrement défavorable.
Selon leurs orientations, les institutions (centres de post-cure ou familles d'accueil) peuvent aider le toxicomane dans ses démarches administratives. Elles l'épaulent afin qu'il mette en route un projet d'avenir. Or, rien n'est simple. La recherche d'un emploi et d'un logement est un véritable parcours du combattant.

La recherche d'un travail

Des associations intermédiaires aident à la réinsertion des toxicomanes dans le monde du travail. Ce sont des structures qui connaissent bien les problèmes spécifiques de ceux qui se sont marginalisés et ont des trous dans leur parcours professionnel.
Elles sont un tremplin, souvent nécessaire, avant l'entrée réelle sur le marché du travail. Mais, actuellement, la plupart des emplois proposés sont précaires : contrats à durée déterminée, CES (contrats emploi solidarité), stages… Ces formules, qui touchent de plus en plus de gens, toxicomanes ou non, présentent pour principal avantage de remettre l'individu dans la réalité professionnelle : horaires, contraintes, rythmes de travail…
Par ailleurs, lorsqu'on n'a pas un emploi stable, il est pratiquement impossible de trouver un logement. Et réciproquement. De plus, l'ex-toxicomane ne peut pas verser de caution et a du mal à trouver des garanties. Alors, il lui reste l'hôtel, les foyers, parfois le retour en famille…

L'argent

Souvent, la première source de revenus de l'ex-toxicomane va être, soit une allocation de chômage, soit le RMI (revenu minimum d'insertion), soit une aide « handicapé ». Dans tous les cas, il s'agit d'une somme minime pour se réinsérer socialement. Cette réalité est d'autant plus difficile que, pendant longtemps, la valeur de l'argent n'a plus signifié grand-chose pour lui. L'argent était devenu le passeport indispensable pour acheter de la drogue et exclusivement cela.

Quelles perspectives ?

Les perspectives d'avenir sont actuellement bien maigres. La réinsertion sociale est tellement compliquée que les risques de rechute sont réels. Il faut faire en sorte que le toxicomane quitte une structure d'accueil avec les meilleures chances de s'en sortir, qu'il soit capable d'affronter les problèmes d'argent, de chômage, de logement… Dans cette perspective, une postcure en milieu urbain est souvent préférable à une postcure en milieu rural. Elle permet une meilleure réadaptation aux réalités de la ville, de la banlieue.

Il est évident qu'une augmentation des crédits est indispensable pour réussir la réinsertion des ex-toxicomanes. De même, il faudrait vraiment inventer de nouveaux modes d'activités professionnelles : emplois de proximité, reconstruction de villages abandonnés, etc.

À ce titre, l'action de l'association Bethel est un modèle à suivre : elle ajoute au séjour en postcure une formation au métier de restaurateur de meubles, métier sans CAP mais offrant un débouché sur le monde du travail.

En quittant la drogue, le toxicomane a besoin de retrouver du travail et un logement. La situation économique et sociale actuelle ne lui facilite pas la tâche. Il faut donc inventer de nouveaux modes de réinsertion pour que l'ex-toxicomane ne se décourage pas ni ne rechute.

Résultats de la prise en charge

Difficile d'évaluer les résultats d'une prise en charge des toxicomanes. Les familles d'accueil et les centres de postcure remportent pourtant de belles victoires. Encore faudrait-il qu'ils les fassent mieux connaître.

Un ex-toxicomane : « *S'en sortir, c'est possible.* »

« Un jour, on choisit de survivre. Alors, on cherche à décrocher. Après le sevrage physique, on a l'impression de ne plus exister. C'est le vide. À ce moment-là, il ne faut pas rester seul. Pour moi, ça a marché grâce à mes proches (ma compagne et mon fils) et grâce au thérapeute qui m'a permis d'exprimer ma souffrance. Si on connaît les facteurs qui conduisent à la toxicomanie, on peut s'en sortir. On peut alors apprendre à gérer ses angoisses, à les expliquer. »

Prise en charge sociale

Dans la période actuelle de crise économique, il n'est pas facile de mesurer les résultats de la prise en charge sociale des toxicomanes. La solution serait, bien évidemment, l'acquisition d'un travail et, si possible, un déplacement géographique. Mais ce sont là des paramètres sur lesquels on a très peu de pouvoir. Reste donc à être très imaginatif pour trouver des solutions de rechange : créer des « boulots » de proximité, aider les toxicomanes à partir retaper un village abandonné. Dans tous les cas, il faudrait accorder les crédits nécessaires.
Les techniques de prise en charge relationnelle en postcure ou en familles d'accueil n'ont pas beaucoup d'efficacité dans le domaine social. Cependant, quelques centres de postcure, plus axés sur la réinsertion professionnelle, rendent de grands services (*voir* p. 26).

Prise en charge relationnelle

Dans la plupart des cas, les centres de soins ne communiquent pas leurs résultats.
Première raison : les institutions de tutelle leur demandent des résultats quantitatifs (nombre de toxicomanes accueillis, taux de remplissage…) et non pas des résultats qualitatifs. Ceux-ci permettraient de savoir quel pourcentage de toxicomanes a acquis son autonomie à l'issue de son séjour en postcure.
Deuxième raison : les intervenants en toxicomanie, débordés par le travail qu'ils font ne produisent pas de statistiques. Tout leur temps passe à s'occuper directement des gens.
C'est dommage, car une évaluation systématique favoriserait la publication de résultats somme toute très positifs.

Les critères de résultats

Il est tout à fait possible de donner et d'analyser des résultats à l'issue d'une prise en charge en postcure. L'association le Trait d'union l'a fait pendant dix ans.

Une réussite, ce n'est pas seulement l'abandon de drogue ; c'est aussi l'acquisition d'un mode de vie autonome, tant sur le plan relationnel que professionnel.

L'échec, ce n'est pas seulement le maintien dans la drogue. Ce peut être également, tout en ayant quitté la drogue, le fait de se retrouver dans une situation tout aussi négative : délinquance, alcoolisme, dépression…

Enfin, pour ne pas fausser les statistiques, il faut prendre en compte tous ceux qui ont entamé une prise en charge. Ne sélectionner que ceux qui l'ont terminée donnerait des résultats mirobolants mais mensongers.

Sur ces bases, voici les résultats obtenus au Trait d'union à la fin des années 80 :

– réussite confirmée : 26% ;
– réussite récente (moins d'un an et demi) : 35% ;
total : 61% ;
– échec : 31% ;
– décès : 8%.

L'État devrait exiger de toutes les institutions des résultats qualitatifs, basés sur des critères communs. Un peu plus de 50 % de réussite semble être une constante dans la quasi-totalité des centres de postcure. Encore faudrait-il le confirmer et le faire savoir !

Dans les quelque 300 familles d'accueil qui existent en France, on peut dire que le taux de réussite est, au moins, aussi bon qu'en postcure. Les familles d'accueil permettent de mieux individualiser l'aide prodiguée, dans un endroit où l'on peut vraiment se sentir protégé pour se retrouver soi-même.

La prise en charge sociale est difficile à estimer. La prise en charge relationnelle serait plus facilement chiffrable, mais les centres de postcure n'ont pas encore pris les moyens de fournir des résultats précis, établis sur des critères communs. On peut néanmoins évaluer le taux de réussite à plus de 50 %.

C'est l'histoire de Jean-Pierre, ex-toxicomane...

L'histoire de Jean-Pierre illustre une prise en charge à l'issue heureuse. Jean-Pierre a compris et réglé les raisons qui l'avaient rendu toxicomane. Il s'est peu à peu rendu maître de son avenir.

Sortie de prison

Prison de Fresnes, un matin d'hiver à 8 h 30. Une thérapeute de l'association Le Trait d'union attend Jean-Pierre. Sa mère et sa sœur sont là également. Jean-Pierre sort de la prison. Après avoir fait un signe affectueux mais lointain à sa famille, Jean-Pierre monte dans la voiture du Trait d'union. Direction : le pavillon thérapeutique de Vanves.
Jean-Pierre avait écrit au Trait d'union alors qu'il était emprisonné depuis cinq mois. Il demandait qu'on vienne le voir en prison. Il avait besoin d'être écouté, de parler à quelqu'un qui l'entende. L'équipe du Trait d'union l'a suivi régulièrement jusqu'à l'obtention de sa liberté conditionnelle.

Années de défonce

Jean-Pierre a 22 ans. Il se défonçait* « à mort » depuis un an à l'héroïne. Mais le début de sa conduite toxicomaniaque remonte à quatre ans auparavant avec l'alcool. Pendant ces années, il fait une tentative de suicide. Il est désintoxiqué physiquement, mais il replonge de plus belle jusqu'au moment où il se fait arrêter en flagrant délit pour vol à la tire. Il prend un an ferme.
À la prison de Fresnes, Jean-Pierre a du mal à supporter la détention. Il parle souvent de son ami avec lequel il se défonçait et avec qui il avait une liaison. Jean-Pierre a suivi des études secondaires tout en étant pensionnaire. Il a gardé de cette époque une révolte sourde et latente envers toutes les formes de contrainte. Il veut bien se plier à un règlement, mais pas aveuglément, sans comprendre le pourquoi et le bien-fondé d'un interdit.

Se raconter

Au pavillon du Trait d'union, Jean-Pierre s'ouvre progressivement. Il arrive à mieux aborder les raisons de sa toxicomanie.

Il aime jouer, comme un gosse : bataille de flotte et tartes à la crème. Il est également provocateur. Enfin, c'est l'image qu'il revendique. Parfois, il arrête son « cinéma » et fait le point avec l'un des thérapeutes. Il prend du recul. Et il raconte. Se raconte. Son père qui, bien que présent physiquement, était totalement absent. Son oncle, modèle idéal de l'image paternelle. Cet oncle, il l'a mis sur un piédestal. Son propre père ne pouvait pas soutenir la comparaison. Alors, Jean-Pierre rêvait d'être le fils de cet oncle…

Accepter son identité

Quand Jean-Pierre arrive à Vanves, il y a déjà six résidents. Il fait chambre commune avec Éric. Entre eux deux, c'est immédiatement la complicité. Jean-Pierre reproduit avec Éric la situation qui, avant, avait abouti à un échec. Il remet en scène, sous forme de jeu, sa tendance homosexuelle qu'il avait préféré fuir dans la drogue.

Mais ici, à Vanves, c'est différent. D'abord, il n'y a pas de drogue, donc pas de masque-écran par rapport à la réalité. Il y a également des limites posées autant par l'équipe du Trait d'union que par les résidents. C'est un lieu de parole et Jean-Pierre sait qu'il peut être entendu sans être ni jugé ni condamné, quel que soit le mode d'expression qu'il emprunte. Comprendre les raisons de son échec amoureux, c'est pour lui revivre les atermoiements, les désirs, les frustrations, les rires et les pleurs qui composaient sa relation avec son ami. Ici, il prend le temps nécessaire à la réflexion. Petit à petit, il devient plus capable de traduire en mots ses angoisses, ses interrogations sur l'ambivalence sexuelle. Il part en quête de son identité.

Au bout de quelques mois, Jean-Pierre quitte Vanves. Il a appris à s'accepter tel qu'il est. Il a trouvé un emploi dont il se sent désormais capable de supporter les contraintes. Il rétablit le contact avec ses parents. Il va bien.

C'est l'histoire de Jean-Pierre, toxicomane pris en charge par l'association Le Trait d'union : de la prison au pavillon thérapeutique, le dialogue, l'acceptation de soi, la réussite… Preuve qu'il est possible de s'en sortir.

La réduction des risques (1)

L'urgence veut qu'on soit amené à prévenir les complications liées à la toxicomanie, et plus particulièrement le sida. Pour cela, il y a la distribution des seringues et les lieux d'accueil adaptés.

Prévenir le sida et l'hépatite

La réduction des risques, c'est l'ensemble des actions à mener pour prévenir les complications liées à la toxicomanie et au partage des seringues et, plus particulièrement, le sida.

Cette prévention ne cherche pas forcément à aider un toxicomane à quitter la drogue et à résoudre sa toxicomanie. Elle s'adresse plutôt aux gens qui n'ont pas envie d'arrêter la drogue dans l'immédiat. Alors, quitte à ce qu'ils continuent, qu'ils le fassent dans des conditions d'asepsie* telles qu'ils ne risquent pas d'attraper le sida, l'hépatite* ou encore de tomber dans une trop grande marginalisation…

La distribution de seringues

Le partage des seringues entre héroïnomanes fait courir l'énorme risque de contracter le sida, une septicémie* ou une hépatite B*.

La meilleure méthode est d'aller au-devant des toxicomanes, pour leur distribuer des seringues stériles, à condition que cette action se fasse par un contact direct, qu'elle soit accom-

pagnée de conseils, d'informations, de distribution de préservatifs. C'est un moment où l'on pourra dire au toxicomane : « On vous donne une seringue pour que vous n'attrapiez pas le sida, mais on préférerait surtout que vous quittiez la drogue. Il y a des gens qui peuvent vous aider, gratuitement et anonymement. » Les distributeurs automatiques de seringues n'offrent pas ce contact. Ils existent pour des raisons d'horaires, pour qu'on puisse trouver des seringues en pleine nuit. Il faudrait obtenir des crédits supplémentaires afin que des équipes fonctionnent la nuit.
La mise en vente libre des seringues date de 1987. C'était une mesure d'urgence destinée à limiter les risques de contamination du sida. Autrefois, les trois quarts des toxicomanes partageaient leur seringue. Actuellement, un quart seulement. La peur de la souffrance physique liée au sida a été particulièrement déterminante dans la diminution du partage des seringues.

On a également mis en vente libre en pharmacie le « stéribox » : un module avec une seringue, des préservatifs, des tampons d'ouate, des conseils d'hygiène, une adresse...

Des lieux d'accueil

La réduction des risques passe également par tout ce qui permet d'aller au-devant des toxicomanes, sans attendre qu'ils franchissent la porte d'un centre spécialisé. Ce sont, par exemple, les « boutiques », ces lieux ouverts dans la journée, où les toxicomanes peuvent venir se laver et nettoyer leur linge, se reposer. On les accueille, on ne leur demande rien, on ne les rejette pas.
Il y a aussi des centres d'hébergement d'urgence. On y accueille les toxicomanes uniquement pour la nuit, avec des règles à respecter, comme l'interdiction de se défoncer* sur place.
Dans tous les cas, le toxicomane s'aperçoit qu'on le traite comme un être humain. Qu'on ne le considère pas comme un exclu.

On peut prévenir les complications liées à la toxicomanie et au partage des seringues (sida, hépatite B...). La réduction des risques se fait par la distribution des seringues, par un accueil dans des lieux adaptés.

La réduction des risques (2)

Présentés par certains comme un moyen de prévenir le sida, les produits de substitution, notamment la méthadone et le subutex, permettent théoriquement aux toxicomanes de cesser injections et échanges de seringues. La pratique est souvent différente et suscite bien des polémiques.

La distribution de produits de substitution

Présenter la distribution de produits de substitution comme un moyen de lutter contre le sida est excessif. Le produit de substitution permet à un héroïnomane de cesser de se piquer. Mais pendant combien de temps ? En donnant une drogue légale à un toxicomane, on prend le risque de miner le terrain de la confiance : l'image du soignant se trouve dévaluée dans l'esprit de bien des toxicomanes. Ils auront d'autant plus de mal à aborder avec lui les problèmes qui les ont conduits à la toxicomanie. Dès lors, les rechutes sont extrêmement fréquentes.
Avec les produits de substitution, 5 à 10 % des toxicomanes parviennent plus tard à ne plus être dépendants d'un produit. C'est mieux que rien, mais on peut mieux faire. Il ne faudrait pas que cette méthode soit employée au détriment d'abords bien plus efficaces pour prévenir le sida. La meilleure manière reste encore d'aider le toxicomane à résoudre ses problèmes plutôt que de les fuir dans la drogue. Et c'est réalisable. Alors, autant essayer d'atteindre cet objectif. Néanmoins, les produits de substitution sont un moyen d'accès aux soins. Une femme enceinte, qui n'a pas envie d'arrêter l'héroïne mais qui veut préserver son enfant, ou un toxicomane séropositif et malade, qui ne veut pas se soigner, constituent de bonnes indications de la substitution.

La méthadone et le subutex

La méthadone se prend par voie buccale, agit pendant vingt-quatre heures, ne donne pas de flash* mais procure les mêmes effets que l'héroïne. C'est un stupéfiant qui

Désinformation

On a entendu dire que la drogue était une maladie chronique qu'il fallait traiter à vie, avec des produits de substitution, au même titre que le diabète ! Ce qui est complètement faux. Il faut espérer que cette désinformation soit étouffée et que l'on prenne à bras-le-corps les deux problèmes que sont la lutte contre le sida et la lutte contre la toxicomanie. La toxicomanie est un état transitoire et c'est aux soignants de faire en sorte que ces gens cessent d'être des toxicomanes au lieu de les installer dans une prétendue maladie chronique.

crée une dépendance. On met quinze jours pour s'en sevrer physiquement. Depuis l'été 1995, la méthadone peut être délivrée en pharmacie avec une ordonnance fournie par un centre spécialisé. On a constaté des overdoses à la méthadone et rien ne garantit que quelqu'un qui prend de la méthadone ne va pas prendre par ailleurs un autre produit. Il existe des contrôles urinaires pour l'éviter mais encore faut-il qu'ils soient stricts.
Le risque de rechute est très important si le sujet n'a pas pu, parallèlement, aborder les causes profondes de sa toxicomanie. Faute de ce dialogue régulier qui permet au toxicomane de régler son histoire, la distribution d'un produit risque fort de ne créer qu'une toxicomanie légale. Le risque est accru avec le subutex puisque ce stupéfiant, facile à dévier de son usage, peut être prescrit par des généralistes trop rarement préparés et disponibles pour des entretiens réguliers. Pour réduire les risques, il y a mieux à faire que la distribution de stupéfiants. Il faut être capable de dire à un toxicomane : « Qu'essayez-vous de fuir avec la drogue ? Vous n'allez rien régler ainsi .» Et on l'aide à résoudre progressivement ses difficultés. C'est ce « mieux faire » qu'il faut viser.

Polémique

Il n'y aurait pas eu de polémique sur les produits de substitution s'ils avaient été présentés comme un complément de la lutte contre les toxicomanies. Mais ils ont été exhibés comme une alternative, laissant penser que la prise en charge en postcure était un échec et que la seule chose à faire était de réduire les risques. On en est arrivé à donner des crédits pour la méthadone au détriment des centres. De même, la lutte contre le sida a été privilégiée par rapport à la lutte contre la toxicomanie. C'est une erreur stratégique : il faut mener les deux de front. D'autant plus que la meilleure manière d'éviter qu'un toxicomane ne soit contaminé par le sida, c'est encore de l'aider à se débarrasser de la drogue.

Les produits de substitution ne doivent pas occulter les autres moyens de prise en charge des toxicomanes, mais jouer, au contraire, un rôle complémentaire. Lutte contre le sida doit rimer avec lutte contre la toxicomanie. Ce sont deux combats à mener de front.

La loi française

En France, la loi sur l'usage illicite des stupéfiants et substances vénéneuses date du 31 décembre 1970. Elle comporte deux volets : l'injonction thérapeutique, dans une partie médicale, destinée à venir en aide aux toxicomanes, et une partie répressive concernant tant les usagers que les trafiquants.

L'injonction thérapeutique

Le fait d'utiliser un produit quelconque classé comme stupéfiant est un délit. Tout consommateur, même occasionnel, de cannabis, d'héroïne, de cocaïne, de crack, de LSD ou d'ecstasy peut être poursuivi par l'autorité judiciaire.

Cependant, l'usager peut être placé sous la surveillance de l'autorité sanitaire (la DDASS : Direction départementale de l'action sanitaire et sociale). Le magistrat peut renoncer à le poursuivre en lui proposant une cure de désintoxication ou une surveillance médicale. C'est ce qu'on appelle l'injonction thérapeutique. L'usager de drogue est alors envoyé dans un centre de cure ou mis sous surveillance médicale auprès d'un médecin librement choisi.

Pour inciter les toxicomanes à venir se soigner eux-mêmes, la loi prévoit que toute personne, se présentant spontanément aux services de prévention ou de cure, peut bénéficier de l'anonymat et de la gratuité des soins. Il n'y a pas alors intervention de l'autorité sanitaire, ni du procureur ni de la police.

Le dispositif répressif

Il s'exerce dans plusieurs directions :

– la répression de l'usage de drogue, considéré comme un délit, quel que soit le produit utilisé. Quand un usager est arrêté par la police, il est placé en garde à vue maximum 24 heures et présenté au procureur de la République. Ce dernier n'est pas obligé de renoncer aux

La loi en Europe

Certains pays européens, comme l'Espagne, l'Italie et les Pays-Bas font une différence dans leur législation entre drogues dures et drogues douces. La pénalisation de l'usage varie d'un pays à l'autre. Seuls trois pays interdisent clairement la consommation : la France, le Luxembourg et le Portugal. L'Italie et l'Espagne ont dépénalisé la prise de drogue. Le Royaume-Uni et l'Irlande interdisent seulement l'usage d'opium. L'Allemagne ne poursuit plus les usagers en possession de petites quantités de produit. Aux Pays-Bas, la détention pour consommation personnelle est tolérée. En Belgique, seul l'usage public est réprimé.

poursuites prévues par la loi : il en a seulement le choix. Par ailleurs, l'injonction thérapeutique ne concerne que la première infraction à la loi. Elle devient impossible en cas de récidive ;

– la répression du trafic. Le trafic de stupéfiants est sévèrement condamné. Les peines d'emprisonnement peuvent aller jusqu'à vingt années et les amendes atteindre 5 millions de francs. Risquent également de lourdes condamnations ceux qui auront « facilité à autrui l'usage de stupéfiants à titre onéreux ou gratuit », ainsi que ceux qui « au moyen d'ordonnances fictives ou de complaisance se seront fait délivrer des stupéfiants ». Toutes les peines sont doublées en cas de récidive.

Condamnations

Sur 52 500 personnes interpellées en 1994 pour infraction à la loi de 1970, 62 % l'ont été pour usage et possession de cannabis. Cette même année, 6 981 injonctions thérapeutiques ont été prononcées. Un usager sur trois interpellé par la police a entre 16 et 25 ans.

Délits et crimes

Parmi les délits énoncés par la loi, on trouve l'usage illicite de stupéfiants. La peine peut aller jusqu'à un an de prison et (ou) 25 000 francs d'amende. L'offre ou la cession en vue de consommation personnelle peut coûter cinq ans de prison (500 000 francs d'amende). La peine est aggravée si l'offre de drogue se fait à des mineurs. Le transport, la détention, l'offre, la cession, l'emploi illicite de stupéfiants, les ordonnances de complaisance sont punis de dix ans de prison (50 millions de francs d'amende). Le blanchiment de l'argent peut coûter dix ans de prison (un million de francs d'amende).

On appelle crimes : la production ou la fabrication illicite de stupéfiants (vingt ans de prison, 50 millions de francs d'amende), l'importation ou l'exportation illicites de stupéfiants en bandes organisées (trente ans de prison, 50 millions de francs d'amende), la direction d'une organisation spécialisée dans la fabrication et le trafic de stupéfiants (réclusion criminelle à perpétuité).

Toutes les drogues illicites (cannabis comme héroïne) exposent l'usager à des poursuites judiciaires pour consommation personnelle. La loi de 1970 peut lui proposer une alternative aux poursuites judiciaires : l'injonction thérapeutique. Par contre, la loi est très sévère à l'égard des trafiquants.

Les dysfonctionnements de la loi

En pratique, les dysfonctionnements de la loi de 1970 sont nombreux. La législation française est floue. C'est une force quand les magistrats sont bien avertis des problèmes de toxicomanie, une faiblesse s'ils sont mal informés. Dans tous les cas, est-il opportun de punir ceux qui prennent de la drogue ?

L'incarcération

En France, environ 10 000 personnes sur près de 54 000 détenus sont des usagers de drogue. La prison n'est en aucun cas un lieu thérapeutique. Le maximum que puisse y obtenir un toxicomane, c'est un sevrage physique, ce qui est insuffisant. En prison, le toxicomane ne va pas régler un problème social ou psychologique. Il serait même dangereux (risque de suicide) de lui faire exprimer ses angoisses dans un tel lieu. Par contre, il pourra suivre des entretiens de soutien et une « psychothérapie » éventuelle en milieu libre, ainsi qu'une prise en charge dès sa sortie de prison.

Les causes de la toxicomanie sont méconnues

En mettant sur le même plan haschisch et héroïne, en maintenant le risque d'incarcération, et en envisageant comme seule alternative l'injonction thérapeutique, la loi méconnaît les motivations qui conduisent à la prise de drogue. Or, certains prennent de la drogue par plaisir et convivialité. Ce sont les usagers de drogue. D'autres la prennent pour fuir des problèmes personnels inextricables. Ce sont les toxicomanes, auxquels on peut rajouter les rares personnes qui s'accrochent uniquement en raison de la dépendance physique induite par le produit. Mais, dans tous les cas, pourquoi punir qui que ce soit ?
Une information sur les risques encourus et une aide soit psychologique soit sociale pour les toxicomanes seraient bien plus adaptées.

Les limites de l'injonction thérapeutique

Il faut rappeler que l'injonction thérapeutique (*voir* p. 36) dépend d'un choix personnel du procureur. Elle n'est donc pas systématique.

L'injonction thérapeutique est loin d'être opérationnelle. Elle reflète souvent un désir d'échapper à la prison plutôt que celui de quitter la drogue. Si la toxicomanie était une maladie organique classique, on pourrait réaliser des sevrages physiques obligatoires, en cure de désintoxication, par exemple. Mais cette étape physique n'est qu'un coup d'épée dans l'eau si elle n'est pas relayée par une mise à plat et une résolution des problèmes, psychologiques ou sociaux, que le toxicomane a voulu fuir dans la drogue. Cela nécessite la participation active du sujet, participation qui a peu de chance d'émerger sous contrainte, bien au contraire.

Seul un thérapeute expérimenté en toxicomanie peut retourner la situation et transformer une démarche utilitaire (éviter la prison) en un engagement personnel authentique. C'est pour cette raison que certains magistrats dirigent directement les sujets vers des centres spécialisés. L'injonction thérapeutique devient alors bien plus efficace.

Gros trafiquants et simples usagers : pas assez de distinction

La démesure des toxicomanes risque de les conduire, un jour ou l'autre, à commettre des délits pour pouvoir acheter de la drogue. Le cas le plus courant est la revente de drogue. La loi ne fait pas assez de distinction entre le vrai trafiquant, celui qui va faire fortune en vendant de la drogue, et l'usager de drogue qui, à un moment donné, va devenir revendeur à titre « alimentaire ».

Une juste application de la loi devrait conduire à punir très sévèrement les trafiquants. En revanche, elle devrait offrir une alternative thérapeutique ou sociale à ceux dont la délinquance n'est qu'une conséquence de leur toxicomanie.

La loi sur l'usage illicite de drogue est loin d'être parfaite. Elle ne tient pas compte des motivations qui conduisent quelqu'un à prendre de la drogue. Elle organise l'injonction thérapeutique de façon trop restrictive. Elle ne différencie pas suffisamment les simples usagers et les toxicomanes des trafiquants.

Les modifications à apporter à la loi

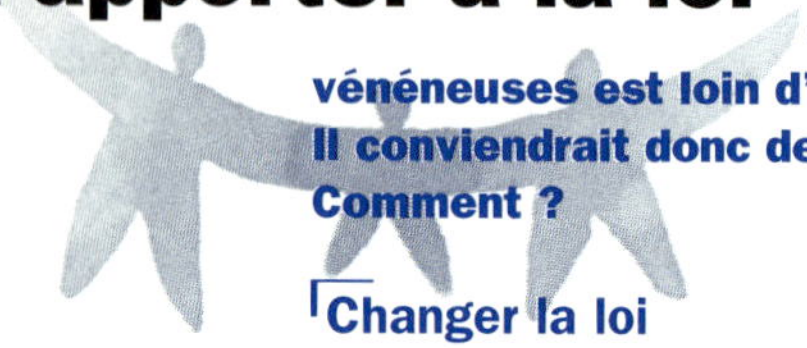

La loi française sur l'usage illicite des stupéfiants et substances vénéneuses est loin d'être parfaite. Il conviendrait donc de la modifier. Comment ?

Changer la loi

Il faut se poser deux questions :

– Est-il légitime de punir les usagers de drogue ? Réponse : Non. Il faut soit les informer, soit leur prêter assistance ;

– Faut-il interdire l'usage de drogue ? Réponse : Oui. Pour ne pas passer à côté de l'appel au secours que signifie la toxicomanie, et pour légitimer l'assistance à autrui. La transgression de cet interdit ne doit pas être l'occasion de sanctions mais un point d'appui pour aider ceux qui en ont besoin. L'établissement d'une nouvelle loi devrait concilier deux impératifs dans le cadre pénal : interdire l'usage de drogue, mais prévoir systématiquement des alternatives aux sanctions, en cas de transgression de la loi. Dès 1978, la circulaire Pelletier, appliquée essentiellement au haschisch, s'engage dans cette direction.

La circulaire Pelletier

Signée le 17 mai 1978, cette circulaire stipule : « Il conviendra que le Parquet, lorsqu'il sera saisi d'une procédure d'usage illicite de haschisch, examine attentivement les cas pour lesquels il lui paraît absolument indispensable d'engager des poursuites judiciaires, en se bornant, dans tous les autres cas, à adresser ou à faire adresser une mise en garde à l'usager. À cette occasion, ce dernier sera invité à se présenter de lui-même, en fonction des possibilités locales, soit à une personne qualifiée, appartenant ou non au corps médical (le médecin de famille par exemple), soit à une association publique ou privée, pouvant lui apporter une aide psychologique ou éducative. Il va de soi que l'utilisation de cette pro-

cédure allégée, qui devrait être la règle, et qui ne comporte pour l'organisme ou la personne auprès de qui l'intéressé aura été orienté aucune obligation de rendre compte, exclut l'exercice de poursuites pénales. » Notons que cette circulaire, qui établissait une distinction entre les produits, n'avait pas force de loi.

Une alternative à la prison

Environ un quart des toxicomanes incarcérés sont délinquants avant de toucher à la drogue. Mais, dans la majorité des cas, les toxicomanes deviennent délinquants en raison de leur toxicomanie. Ils cessent d'être délinquants quand ils ont résolu le problème qui est à l'origine de leur toxicomanie.

Lorsque le toxicomane passe du risque pour lui-même à la nuisance pour autrui (cambriolage, vol, agression…), il est normal que la loi soit appliquée. Sa conduite peut être expliquée mais pas excusée.

Cependant, aucune punition ne va venir à bout des causes de la toxicomanie.

Il faudrait donc organiser très rapidement une alternative à la prison, d'ordre social ou psychologique. Celle-ci doit être rendue possible à tout moment, en dépit de la règle selon laquelle une libération conditionnelle ne peut survenir qu'après avoir effectué la moitié de la peine.

Il convient de modifier la loi de 1970. Faut-il punir les usagers de drogue ? Non. Est-il légitime d'interdire l'usage de drogue ? Oui. À condition de remplacer sanctions et incarcération par des mesures d'information ou d'aide.

Légalisation, dépénalisation : le débat

Un débat a lieu actuellement en France, à propos de la loi sur l'usage illicite de drogue. Faut-il dépénaliser l'usage de stupéfiants, légaliser les drogues ou ne rien modifier ?

Deux notions différentes

– La dépénalisation de l'usage de drogue est la suppression des sanctions pénales pour la seule consommation d'un produit interdit. La vente de drogue n'est pas autorisée pour autant. La dépénalisation ne concerne pas l'usage public ou ses conséquences. Par exemple, la consommation libre d'alcool s'accompagne de l'interdiction d'ivresse publique ou de conduite en état d'ivresse.

– Légaliser un produit, c'est autoriser sa distribution. Cette légalisation peut éventuellement être limitée : lieux spécifiques de vente, interdiction de vente aux mineurs, production contrôlée…

Le débat

Pour les partisans de la répression, interdire toutes les drogues est le seul moyen de protéger la santé des gens et d'empêcher ce qu'ils appellent la « théorie de l'escalade ». D'autres estiment qu'en autorisant la drogue on augmentera obligatoirement le nombre de consommateurs. Ils refusent donc toute idée de dépénalisation et encore moins de légalisation.

À l'opposé, les partisans de la légalisation constatent que la répression est un échec. Leur argument : la répression condamne les toxicomanes à la clandestinité avec tous les dangers que celle-ci entraîne. Légaliser les drogues permettrait, selon eux, de supprimer le trafic clandestin, de faire chuter les prix et, par conséquent, de réduire la délinquance due à la toxicomanie. Autre argument : la drogue provoque moins de décès que l'alcool, le tabac ou les médicaments, stupéfiants licites.

Les partisans de la légalisation rétorquent enfin qu'utiliser

Légalisation et intégration culturelle

Il y a une aberration totale à interdire un produit qui est admis culturellement dans une société. C'est comme si on interdisait l'alcool en France, ou la coca en Colombie. Le problème est complètement différent lorsqu'il s'agit d'un produit qui ne fait pas partie de notre paysage culturel : opium, cocaïne, héroïne… Progressivement, on voit le haschisch s'intégrer dans le mode de vie de la population française. Dans quelques années, il est probable qu'il sera assimilé sur le plan culturel. Les interdits se lèveront alors tout naturellement.

un produit à titre personnel relève de la liberté individuelle. C'est un choix (peut-être celui de s'autodétruire), qui ne met pas les autres en danger.

Liberté individuelle et assistance à autrui

Cependant, ceux qui prennent de la drogue en méconnaissant ses dangers méritent d'être informés. Et les toxicomanes, qui fuient des problèmes graves, méritent d'être aidés. L'interdit induit par la loi rend réalisable ces deux objectifs.

Pour vivre en société, il est normal d'organiser des réflexes de solidarité. Oser dire : « Attention aux risques que vous prenez ». Ou oser dire : « Vous n'allez rien résoudre avec la drogue. Il y a d'autres moyens… » La limite établie par la loi légitime cette approche. Si, au nom de la liberté de chacun de disposer de lui-même on abandonnait les toxicomanes à leur souffrance, on instituerait l'indifférence comme mode de vie.

Il est donc important de maintenir une limite légale pour pouvoir aider les toxicomanes, mais non pas pour les sanctionner.

Les obstacles à la légalisation

Pour que la légalisation casse le marché de la drogue, il faudrait respecter trois conditions :

1. légaliser tous les produits, sans aucune exception, sinon les marchés clandestins prospéreront sur les substances interdites ;
2. rendre tous les produits accessibles quel que soit l'âge de l'usager. Interdire la vente aux mineurs offrirait des débouchés particulièrement lucratifs aux trafiquants ;
3. légaliser tous les produits simultanément dans tous les pays du monde, car on imagine bien les bénéfices que les trafiquants tireraient d'une disparité des législations d'un pays à l'autre.

Faute de se plier à ces trois conditions, une légalisation ne ferait qu'aggraver les choses.

Dépénalisation et légalisation : faux débat et fausses solutions si on reste sur le terrain idéologique. En pratique, cette question pose le problème de la légitimité de l'interdit et de l'opposition liberté-solidarité.

La lutte contre le trafic : possibilités, limites et espoirs

Le marché international de la drogue est un secteur important de l'économie mondiale. Il est contrôlé par des trafiquants très puissants, qui profitent de l'absence de régulation déontologique de l'économie planétaire.

Dealers à 13 ans

Dans certaines cités, ce sont parfois des enfants de 13-14 ans qui revendent de la drogue. Pénalement, ils ne risquent pas d'aller en prison. Ils sont donc manipulés par les trafiquants. Ce que veulent avant tout ces jeunes dealers, c'est de l'argent, devenu leur valeur essentielle à défaut d'autres horizons. Or, le trafic de drogue est un moyen rapide de gagner cet argent. Ce nouveau type de délinquance juvénile ne cessera que si les adultes parviennent à offrir de réelles perspectives d'avenir aux jeunes.

Le trafic international

Les drogues produites en Asie ou en Amérique du Sud sont introduites clandestinement en Europe ou aux États-Unis par des trafiquants (*voir* p. 16).

Ces trafiquants sont parfaitement organisés. En Colombie, par exemple, ils sont regroupés dans des « cartels » (le cartel de Medellín et le cartel de Cali).

Ils gèrent la cocaïne comme n'importe quel produit commercial.

Chaque année, le marché de la drogue rapporte 300 milliards de francs. Des pays entiers ne vivent que grâce à la drogue. C'est le cas du Pérou, de la Colombie, du Pakistan… Les trafiquants y sont considérés comme des bienfaiteurs qui offrent aux paysans de quoi vivre.

Si les États ne mettent pas en place d'autres politiques permettant aux populations de vivre dignement, il est évident que les trafiquants de drogue (ou les trafiquants d'armes) apparaissent comme des bouées de secours.

Il y a quelques années, le président américain, George Bush, a déclaré la guerre aux trafiquants de Colombie. Il a voulu détruire les cultures de coca et faire cultiver du café à la place. L'idée n'était pas mauvaise. Les paysans colombiens étaient d'accord à partir du moment où la culture du café pouvait leur fournir les moyens de vivre. Or, au même moment, le cours du café s'est effondré. Quand les Colombiens ont vu que le café ne les faisait plus vivre, ils ont recommencé à cultiver de la coca.

Absence d'une déontologie économique mondiale

On ne gagnera pas la bataille contre la drogue, au niveau de la production et de l'offre, si on n'arrive pas à instaurer un nouvel ordre économique mondial. Il faudrait que les grandes multinationales, qui dirigent l'économie du monde, soient soumises à une déontologie. On devrait leur interdire de prendre des mesures pouvant mener à la misère les habitants d'une ville ou d'une région. Sinon, rien n'empêchera que des pays entiers soient acculés à la ruine, à moins de cultiver de la drogue. Si les dirigeants politiques de notre planète n'imposent pas cette déontologie économique, les trafiquants de drogue dirigeront le monde dans moins de vingt ans !

Blanchiment de l'argent

Les gros trafiquants de drogue « blanchissent » les sommes gagnées grâce à la drogue (l'argent sale) : ils le recyclent dans des activités économiques : boîtes de nuit, restaurants, casinos… Là où les recettes sont difficilement contrôlables. L'argent est ensuite déposé dans des banques. Puis, il est réinvesti dans des activités classiques : immobilier, tourisme, finance… Les centres de blanchiment les plus connus se trouvent à Chypre, en Suisse, au Luxembourg, au Liechtenstein.

Lutte contre le trafic en France

En France, la police, la gendarmerie, la douane et la brigade des stupéfiants sont chargées de « traquer » les dealers. Elles tentent de remonter les réseaux pour arrêter les gros trafiquants. Elles procèdent parfois à de grosses prises de drogue. En février 1993, la police a mis la main sur deux tonnes de haschisch en Seine-Saint-Denis. Mais les voies d'accès et les moyens de dissimulation sont si nombreux que la police et la douane n'interceptent que le dixième de ce qui entre en France. La répression, lutte contre l'offre, est insuffisante. La toxicomanie n'est pas due à la seule offre. Il faut aussi traiter la demande par la prévention (*voir* p. 46).

Chiffres

Le commerce de la drogue en France représente un chiffre annuel de 14 milliards de francs.
Un gramme d'héroïne (la dose moyenne qu'un toxicomane consomme en un jour) peut atteindre le prix de 1 000 francs.

Des pays pauvres comme le Pérou ou l'Afghanistan ne vivent que grâce à la drogue. Les trafiquants y contrôlent le marché. La bataille contre la drogue, au niveau de la production et de l'offre, ne se gagnera que si une déontologie économique mondiale est instaurée.

Les grands principes de la prévention

À côté de la répression, la prévention est une lutte contre la demande. Bien plus efficace que le fait de mettre en garde contre les conséquences de la drogue, la prévention, à ne pas confondre avec l'information, s'emploie à réduire les causes mêmes de la toxicomanie et, au minimum, à sensibiliser et faire réfléchir. Individuellement, il est difficile d'agir sur les causes sociales. Par contre, on peut intervenir sur les causes relationnelles.

Qu'est-ce qui ne va pas ?

La question essentielle à poser, en matière de prise en charge, est : « qu'est-ce qui ne va pas ? » Il faut bien écouter la réponse et, à partir de là, aider l'intéressé à trouver des solutions à un problème, à une angoisse ou à une situation sociale difficile. La prévention utilise exactement la même démarche, en intervenant avant que le symptôme drogue n'apparaisse.

La prévention, c'est aider les gens à admettre que, face à des situations très difficiles (deuils, déceptions, séparations, conditions matérielles déplorables...), il y a d'autres formes de réaction que la fuite. C'est aussi dire que fuir en prenant un produit ne va rien régler.

Par exemple, en cas de douleur, de chagrin, il est normal et bénéfique de pleurer. Or, il y a des tas de personnes (les hommes surtout) qui s'interdisent de pleurer. Les femmes, elles, osent plus volontiers montrer leurs sentiments. Elles pourraient aider les hommes à oser également. Mais cela suppose qu'ils soient capables d'assumer suffisamment leur part de féminité pour se montrer sensibles et fragiles.

Le droit aux défaillances

Au cœur même de la prévention, il y a une notion qu'on aimerait voir formulée dans toutes les familles : « Vous avez droit à des défaillances, vous aurez forcément des défaillances. La vie a ses bas. Et en période de bas, n'imaginez surtout pas que vous n'existez plus, que vous n'êtes rien, que vous êtes nuls. Ne cherchez pas à paraître fort en trichant avec des artifices extérieurs. »

Dans cette société de performance, il faut admettre le droit à la fragilité, aux défaillances psychologiques et affectives au même titre qu'aux défaillances physiques. Il faut savoir écouter et rassurer : « Ce n'est pas parce que tu ne vas pas bien que je vais cesser de t'aimer et de te faire confiance. »

Les limites

Il a souvent manqué l'essentiel aux toxicomanes : la confiance, la certitude d'amour, les repères, l'envie de grandir. Et les limites. Là aussi, la prévention passe par le fait de savoir poser des limites. Un enfant se construit à partir des limites que ses parents auront fixées. C'est en fonction de ces limites qu'il va progressivement définir lui-même celles qui lui permettront de vivre en société, autrement que comme un bébé qui veut tout et tout de suite.

L'adulte doit également lui transmettre ses valeurs. Adoptées ou non par l'enfant, elles lui serviront de repères pour grandir et donner un sens à sa vie.

En somme, la meilleure prévention des toxicomanies ne parle pas de drogue, mais des moyens de surmonter les problèmes relationnels de la vie de tous les jours.

La prévention, c'est savoir développer d'autres modes de réaction que la fuite face aux difficultés de la vie.

Les modes de prévention

Il existe en gros trois grands modes de prévention complémentaires : les actions locales, la prévention ciblée sur des catégories professionnelles, et la prévention grand public. Dans tous les cas, la meilleure prévention se situe avant qu'un individu ne tombe dans la drogue. Elle tend à réduire les causes sociales et relationnelles des toxicomanies.

Grande Écoute

C'est une association loi 1901 qui tente d'inventer avec les médias une prévention grand public. Depuis 1991, des responsables de médias acceptent de s'impliquer dans une action très en amont des toxicomanies. Le journal *La Vie* publie chaque semaine la réponse d'une personnalité à la question « Qu'est-ce qu'être adulte ? ». *Okapi* a publié les réponses des lecteurs à la question « C'est quoi l'adolescence ? », prétexte à une réflexion sur les aspirations des jeunes.

Actions locales

Les causes sociales de la toxicomanie ont souvent des origines multiples. En parallèle à toutes les mesures politiques destinées à réduire le chômage, la misère et l'exclusion, des actions de prévention sont possibles dans la cité. Encore faut-il qu'elles soient durables, qu'elles impliquent les jeunes dans de vrais projets qui vont les responsabiliser, des projets qui vont les faire agir, ne plus être passifs, devenir maîtres d'une partie de leur vie.

GRANDE ÉCOUTE

REDONNER SES SENS À LA VIE

Il faut aider les adultes à créer une sorte de réseau de solidarité, pour faire connaissance, pour communiquer, pour qu'ils trouvent des réponses entre eux, pour qu'ils jettent des passerelles avec les jeunes et inventent des solutions concrètes. La solidarité est une notion beaucoup plus ancrée dans les esprits qu'on ne le croit. Mais dans une époque où le cynisme est valorisé, beaucoup de gens n'osent pas la manifester.

L'association Grande Écoute a le projet d'organiser une fête de la Maison une fois par an, où les gens descendraient dans la rue, dans leur cour pour manger ensemble, parler, se rencontrer, peut-être pour la première fois. Cette prévention de quartier, de commune, demande un énorme investissement de la part des éducateurs et des animateurs… Elle est souvent ponctuelle mais elle est essentielle.

Prévention ciblée sur des catégories professionnelles

Il convient de sensibiliser toutes les catégories professionnelles qui peuvent agir en matière de toxicomanie : médecins, magistrats, policiers, gardiens d'immeubles, enseignants, douaniers, pharmaciens, patrons de bars et de discothèques, travailleurs sociaux, éducateurs, journalistes et élus locaux. Selon les professions, ce mode de prévention est plus ou moins bien assuré. Par exemple, il est quasiment inexistant à l'égard des journalistes et des élus locaux. Il faudrait l'organiser et le structurer tant dans sa forme que dans le fond. À titre d'exemple, la formation des médecins serait à revoir. Déjà mal préparés à la relation médecin-malade durant leurs études, il faut leur apprendre que la toxicomanie est plus une maladie « sociétale », qui se prévient et se traite par le dialogue, l'écoute et la confiance, qu'une maladie organique. Sinon, ils risquent de déraper dans des erreurs stratégiques avec un emploi inconsidéré des produits de substitution. Ils risquent surtout de ne pas prendre en compte les signaux d'alarme que jette un jeune bien avant de se droguer.

Prévention grand public

Comment toucher les millions de personnes que les actions locales et la prévention ciblée ne parviennent pas à atteindre ? Il faut aller vers eux. Où sont-ils ? Devant leur poste de télévision, près de leur radio, parfois ils lisent le journal. Ce sont donc les médias qu'il faut impliquer dans des actions de prévention.

Tâche difficile, car les journalistes ne considèrent pas tous que leur rôle peut être, éventuellement, d'aider la population à vivre mieux. Tâche difficile également, car il faut inventer des rubriques, des émissions qui ne parlent pas de drogue mais des moyens d'agir en amont sur ce qui peut conduire à la toxicomanie. Tâche difficile, car il faut savoir alors joindre l'utile à l'agréable sous peine de perdre de l'audience.

> Une bonne prévention contre les toxicomanies passe par des actions locales de solidarité dans les quartiers et dans la cité, par une action ciblée de sensibilisation sur des catégories professionnelles (médecins, magistrats, journalistes, élus locaux…) et par une action médiatique (télévision, journaux…) sur le grand public.

Que dire aux parents ?

Respectez le droit aux défaillances. Osez vous montrer imparfaits. Affirmez la confiance. Osez dire « je t'aime ». Osez poser des limites. Osez être disponibles... C'est ce qu'on pourrait suggérer à tous les parents.

Aider les parents de toxicomanes

Les parents doivent savoir que, dans tous les centres spécialisés, ils peuvent être aidés gratuitement et anonymement. Il faut les rassurer, leur permettre de sortir de leur honte, leur désespoir, leur isolement. Il faut les aider, leur redonner confiance, mais pas les accuser. Afin de nouer une meilleure relation avec leur enfant, il faut qu'ils soient assez courageux pour remettre un peu leur vie en question.

Dépasser la pudeur des sentiments

Comment des parents en arrivent-ils à ne plus savoir établir un dialogue ? Quelle peur les fige ? Comment lever les pudeurs qui empêchent l'expression de leurs émotions ? Quelle qualité de relation établissent-ils avec leurs enfants ? Comment les préparent-ils à se défendre dans la vie ? Est-ce qu'ils leur parlent ? Est-ce qu'ils leur donnent confiance en eux ? Est-ce qu'ils leur ont fait savoir qu'ils sont aimés ? Ces parents savent-ils se montrer fragiles ? Avoir des passages à vide ? Mettre des limites ?
Si les parents osent se montrer imparfaits et vulnérables à leurs enfants, donc plus accessibles et humains, ils leur prouvent ainsi que chacun a droit à des passages à vide.
Quand un adolescent « flotte », ne va pas bien, fait des bêtises, a des mauvaises notes, si on parvient à lui dire que, quoi qu'il arrive, on l'aime et on lui fait confiance, on lui donne une force monumentale et les moyens de passer ce cap difficile. Il ne sera pas figé par la culpabilité et osera jouer ses atouts. C'est à ce moment-là qu'il a le plus besoin de s'entendre dire : « je t'aime ». Or, c'est là que les parents ont le plus de mal à le lui dire, par blocage, par pudeur.
Il est exceptionnel de voir des parents qui n'aiment pas leur enfant. Par contre, il est très fréquent de voir des parents qui n'osent pas lui dire qu'ils l'aiment. Il faut permettre aux parents de dépasser cette pudeur, de leur faire réaliser l'importance de se rendre vrai pour leur enfant.
La prévention, c'est oser être le plus authentique possible.

Des limites pour grandir

Parfois, les parents aiment un enfant pour eux, plus que pour lui. Alors, ils l'éduquent, ils l'élèvent et ne lui imposent pas trop de limites pour qu'il soit tenté de rester avec eux. Pourtant, un enfant a besoin de limites, de remparts, quitte à les transgresser, pour se construire lui-même. Il faut surtout l'aider à s'épanouir, épanouir ce qu'il a en lui. Il y a un grand danger à formuler des désirs à sa place. Un enfant a surtout besoin de s'entendre dire : « Fais ce que tu peux, joue tes atouts, et, plus tard, fais ce que, toi, tu as envie de faire. » Élever un enfant, c'est avant tout lui apprendre à partir, ce qui suppose pour les parents de faire le deuil de sa présence vingt-quatre heures sur vingt-quatre. Ce n'est pas facile. Pourtant, il faut savoir que l'enfant aura d'autant plus envie de revenir dans sa famille, en entretenant un rapport d'adulte avec ses parents, si son départ s'est bien déroulé.

Prendre le temps

Parmi les parents de toxicomanes, on note une surreprésentation de personnes dans le journalisme, la politique, les affaires, la médecine, le show biz, la publicité, bref des gens qui travaillent énormément et qui ont peu de temps à consacrer à leurs enfants.

Il faudrait pourtant qu'ils sachent se demander ce qui est le plus important dans leur vie. S'ils pouvaient se dire : « J'ai fait un enfant, il faut que je m'en occupe, que je prenne le temps nécessaire pour qu'il aille bien, le temps de lui transmettre des choses. Et tant pis si je n'ai pas cette promotion professionnelle. Mais là, il faut que je sois avec lui. »

Conseils d'un ex-toxicomane

« Mon père ne m'acceptait pas tel que j'étais. Il voulait que je sois comme il n'avait pas réussi à être. Et moi, là-dedans, je n'existais plus… Il faut que les parents aiment leurs enfants tels qu'ils sont. Et qu'ils le leur disent, qu'ils le leur montrent. Il faut leur montrer qu'ils existent, qu'on leur fait confiance malgré tout, malgré les échecs. »

La prévention, c'est oser être le plus authentique possible : favoriser le dialogue avec les enfants, exprimer amour et confiance, accepter les défaillances, savoir poser des limites, respecter suffisamment son enfant pour l'aider à grandir.

Que dire aux jeunes ?

Parler, oser parler, oser exprimer ses doutes, ses émotions. À ses parents si possible, sinon à un adulte en qui on a confiance. Et surtout ne pas croire que la drogue peut résoudre quoi que ce soit.

La drogue ne résout rien

Il est compréhensible qu'un jeune soit tenté de prendre un produit par curiosité, mais il est important qu'il sache mesurer les dangers courus. Quand la drogue devient une sorte de passeport pour rentrer dans un groupe, un rite d'initiation, c'est là qu'il faut essayer de tenir tête et refuser d'y goûter.

Quand il veut prendre un produit parce qu'il ne va pas bien, il faut le convaincre qu'il commet une erreur stratégique. La drogue ne résout jamais rien.

Rien n'est plus agréable que d'être maître de sa vie. Prendre un produit aboutit à l'inverse. Inventez, croyez en l'avenir, même si ce n'est pas facile en ce moment, construisez, développez votre sens critique, jouez vos atouts.

Comment aider un copain qui se drogue ?

Il ne faut pas l'exclure. Il faut lui conserver son amitié, mais surtout ne pas s'improviser thérapeute. C'est un métier à part entière, lourd, difficile. On peut, par contre, l'orienter vers des gens qui peuvent l'aider, un numéro de téléphone, des lieux de consultation gratuits et anonymes…

Oser parler à ses parents

La priorité en matière de prévention de la toxicomanie doit être dirigée vers les parents pour qu'ils sachent être plus attentifs, qu'ils aient une plus grande authenticité dans leurs relations, qu'ils admettent leurs défaillances comme celles de leurs enfants.

Mais les jeunes ne doivent pas se poser en victimes de l'incompréhension de leurs parents. Eux aussi peuvent modifier la qualité de la relation.

Quand quelque chose ne va pas, ce n'est pas dans la dénégation que l'on va résoudre un problème. Il faut oser exprimer sa tristesse, son chagrin, ses doutes… Et l'idéal est d'en parler à ses parents. Il faut parfois faire l'effort d'aller vers eux. Ils jouent un rôle difficile. Ils sont inquiets, ils ont peur, ce qui explique parfois leur maladresse. Cette maladresse peut disparaître si on a le

courage de dire à son père ou à sa mère « je t'aime » ou l'équivalent avec ses propres mots.
Les parents ont énormément à apprendre de leurs enfants. C'est ainsi qu'ils évoluent et qu'ils modifient la nature des relations qu'ils entretiennent avec eux. On peut leur faire découvrir une musique, un livre, un sport ou des émotions. On arrive ainsi à dénouer des sentiments non exprimés par pudeur.

Conseils d'un ex-toxicomane

« Vous avez votre place dans la famille, vous y êtes des acteurs qui contribuent à la construction de vos parents. Si quelque chose ne va pas, parlez-en. À vos parents, à un prof, à un autre adulte, à un copain. Et puis, il y a d'autres moyens d'avoir du plaisir et des émotions : le sport, la musique… »

Trouver la confiance d'un adulte

Quand un jeune, un adolescent surtout, ne parvient pas à parler à ses parents, il serait bon qu'il trouve un adulte en qui il a confiance : un grand-père ou une grand-mère, un oncle, un professeur, l'infirmière de l'école, le médecin de famille, un prêtre… Mais, dans tous les cas, éviter de garder pour lui seul ses douleurs, ses chagrins, ses doutes.
La drogue est un prétexte pour crier une souffrance et une solitude qui n'ont pas été entendues. Un toxicomane disait : « Je n'avais pas de réponse aux questions que je posais à mon père. Alors j'ai trouvé la drogue. Et, avec elle, je ne pensais plus. Je n'avais plus besoin de poser de questions. » Évidemment, ce n'est pas la solution.
Par ailleurs, les garçons devraient essayer de mieux assumer leur part de féminité en exprimant leurs émotions, leur sensibilité, leur fragilité. Qu'ils cessent de croire que les femmes n'adorent que les hommes durs sans émotions. Bien au contraire !

Il est préférable de crier une incompréhension, une souffrance, un sentiment d'injustice, une solitude par la parole plutôt que par la drogue, fuite qui ne résout rien. Il faut oser parler et exprimer ses émotions. On peut ainsi apprendre à ses parents à faire de même.

Prévention en milieu scolaire

Comment faire pour que la prévention au collège et au lycée ne se contente pas de parler des seuls produits et de leurs dangers, mais pour qu'elle intervienne avant la prise de drogue elle-même ?

Les profs ne remplacent pas les parents

En matière de prévention des toxicomanies, certains parents sont tentés de se décharger de leurs responsabilités sur l'école. Ils renoncent ainsi à leur rôle principal : préparer les enfants à grandir, savoir leur montrer qu'il y a des hauts et des bas dans la vie, des caps difficiles à passer sans avoir honte de montrer ses faiblesses, ses doutes, son chagrin, ses tristesses.
Confier aux enseignants la tâche de remplacer les parents n'est pas une bonne idée. Et l'on comprend que le personnel scolaire soit parfois réticent à l'idée de jouer ce rôle de remplaçant de famille défaillante.

Une large prévention

Néanmoins, il faut tenir compte du fait que les enfants passent une bonne partie de leur temps à l'école. Ils y apprennent la lecture, l'écriture, le calcul, diverses connaissances et, dans le meilleur des cas, à avoir un esprit critique. On espère également qu'ils y prennent conscience de leur statut de futur adulte, responsable, capable de choix et d'autonomie. À ce titre, on peut envisager une prévention, à condition qu'elle soit plus large qu'une simple présentation de la toxicomanie centrée sur les seuls produits, leurs effets et leurs dangers.

Débats avec le corps enseignant et les élèves

Cette prévention en milieu scolaire suppose une certaine chronologie. Il faut, au préalable, mener une réflexion avec le personnel scolaire pour qu'il n'y ait pas d'équivoque sur ce que signifient les toxicomanies, pour qu'ils comprennent qu'à travers elles se joue le sens que l'on donne à une vie.

Remarque

Contrairement à ce qui se dit souvent, ce n'est pas tellement à l'intérieur des établissements scolaires que les jeunes se droguent, mais surtout à l'extérieur.

Lorsqu'aura lieu le débat, il sera large et abordera des notions apparaissant bien avant le phénomène de drogue. La sagesse serait de faire un débat avec un intervenant en toxicomanie, qui travaille sur le terrain, et surtout pas un cours dispensé par un professeur de sciences naturelles : lui se contenterait de montrer les effets de la drogue sur l'organisme, ce qui serait très insuffisant.

Un bon débat permet aux élèves de s'exprimer sur les rapports qu'ils établissent avec leurs parents, sur l'amour et l'attirance pour le sexe opposé avec les doutes et les peurs que cela suscite, sur la crainte de l'avenir, sur les valeurs qui leur paraissent essentielles… On peut, auparavant, leur suggérer de rédiger un texte sur des thèmes comme « à quoi servent les limites ? », « est-ce qu'un homme, ça pleure ? », « qu'est-ce que réussir sa vie ? »… Des thèmes au cœur même de la prévention. C'est dans cet esprit que l'on pourrait développer une prévention quasi systématique en milieu scolaire.

Quand la drogue est au lycée

Que peut faire un professeur quand il voit que, de toute évidence, un élève ne va pas bien, qu'il n'est pas comme d'habitude, qu'il est triste, que ses résultats scolaires sont soudainement mauvais ? Il devrait lui demander, après le cours : « Qu'est-ce qui ne va pas ? » L'élève, qui a fait en sorte qu'on remarque son mal-être, va probablement répondre. S'il y a prise de drogue, l'enseignant peut l'orienter, lui donner une adresse, un numéro de téléphone, un endroit où l'élève rencontrera quelqu'un qui l'écoutera et l'aidera. Car, même si l'enseignant a été choisi par l'élève comme adulte de référence, il n'est pas pour autant thérapeute. Il vaut mieux éviter d'alerter les parents sans l'accord de l'enfant. Les conséquences pourraient être dramatiques. Le chef d'établissement doit, en revanche, être très sévère avec ceux qui « dealent » dans ou à la sortie de l'établissement. Il ne doit pas alors hésiter à alerter les services de police.

Une bonne prévention en milieu scolaire commence par une réflexion menée avec le personnel enseignant. Elle passe ensuite par l'organisation de débats avec les élèves, afin que ceux-ci puissent s'exprimer librement sur leurs préoccupations. Une simple présentation des produits et de leurs effets serait insuffisante, voire incitatrice.

L'implication de l'État : les urgences

Au niveau qualitatif, la prise en charge et la prévention des toxicomanies est relativement bonne en France. Par contre, au niveau quantitatif, notre pays a pris un retard considérable. Il est urgent que l'État s'implique pour améliorer la situation.

Davantage de crédits

Faute de crédits suffisants, notre pays ne peut répondre à toutes les demandes de prise en charge et aux nécessités de prévention. La toute première urgence est donc de tripler les crédits en matière de lutte contre la drogue. Les autres dispositions d'un plan d'urgence efficace dépendent de cette première priorité.

Prévention : une priorité

Il faut améliorer le service national « Drogues Info Service », en le régionalisant et en augmentant la capacité des réponses : les personnes qui appellent ne doivent plus attendre trop longtemps ou, pire, en vain. Le numéro de téléphone du service doit être largement diffusé.

Il convient de mener une vaste opération de communication à destination du grand public, pour l'informer de ce qui existe en France en matière de prévention, de prise en charge et d'assistance aux familles. Il faut accroître la prévention, en mobilisant les médias, sans oublier d'encourager les actions locales de prévention (débats, fêtes, animations, opérations de solidarité…).

On peut également développer la sensibilisation et l'information sur les toxicomanies dans le cadre de la formation des médecins, du personnel scolaire, des magistrats, des policiers, du personnel pénitentiaire, des pharmaciens, des journalistes, du personnel socio-éducatif, des gardiens d'immeubles et des élus… (*voir* p. 48).

Améliorer la prise en charge

Il est urgent de quadrupler le nombre de centres de postcure en les implantant surtout dans les départements les plus dépourvus. Autre urgence : créer, dans toutes les villes de plus de 100 000 habitants, un centre d'hébergement d'urgence. Il faut aussi mettre en place des alternatives de prise en charge sociale (par exemple, reconstruction de villages abandonnés avec des éducateurs et des artisans) et organiser une meilleure préparation de la sortie de prison.

Les services hospitaliers de médecine interne et de gastro-entérologie devraient être suffisamment préparés pour être capables d'assurer le sevrage physique des toxicomanes. Il convient aussi d'informer les médecins généralistes, afin qu'ils connaissent le protocole d'un sevrage physique en traitement ambulatoire et qu'ils sachent mieux coopérer avec les institutions spécialisées. Il faudrait enfin tripler le nombre d'équipes de distribution ou d'échange de seringues, en préférant cette formule aux distributeurs automatiques.

Changer la loi

La loi de 1970 doit être modifiée pour que, dans le cadre pénal, soient conciliés deux éléments : l'interdiction de la drogue et le recours systématique, en cas de transgression, à des mesures choisies entre simple mise en garde, aide sociale ou assistance psychologique (*voir* p. 40).

Pour coordonner une politique cohérente entre prévention, prise en charge et répression, il faut maintenir et renforcer une structure interministérielle stable, placée sous l'autorité du Premier ministre.

En France, le budget sanitaire national de lutte contre la toxicomanie est l'équivalent du budget d'un petit hôpital de province. Résultat : on a pris, sur le plan quantitatif, un retard considérable qui se ressent, bien sûr, au niveau des toxicomanes et de leurs familles. Il y a donc urgence d'attribuer les crédits nécessaires pour combler ce retard.

Première urgence, dont vont dépendre les autres priorités : tripler les crédits en matière de lutte contre la drogue. Il faut également développer le service « Drogues Info Service », mieux prévenir le grand public, augmenter le nombre de centres de postcure et changer la loi de 1970.

Adresses utiles

Des téléphones

– Drogues Info Service :
0800 23 13 13.
C'est un numéro vert, gratuit et anonyme, qui fonctionne 24 heures sur 24 et 7 jours sur 7. Ce service écoute, informe, aide toute personne concernée directement ou indirectement par des problèmes de toxicomanie, et oriente vers des centres spécialisés.

– Inter Service Parents : 01 44 93 44 93. Réponses téléphoniques de l'École des Parents.

Des centres de documentation

– **À Bordeaux**
CEID 24, rue du Parlement Saint-Pierre, 33000 Bordeaux.
Tél. : 05 56 44 84 86. Ouvert au public du lundi au vendredi de 9 h à 12 h et de 14 h à 17 h.

– **À Lyon**
Centre national de documentation sur les toxicomanies (CNDT)
14, avenue Berthelot, 69007 Lyon. Tél. 04 72 72 93 07.
(métro : Jean-Macet ou Perrache).
Ouvert au public du mardi au vendredi de 9 h à 17 h.
Sur minitel : 3615 CNDT.

– **À Marseille**
Centre de documentation et de recherche AMPT.
19, rue de la République, 13002 Marseille. Tél. : 04 91 56 08 40.
(métro : Colbert).
Ouvert le mercredi et le vendredi de 9 h à 13 h et de 14 h à 17 h.

– **À Paris**
La Rose bleue : librairie du Centre Didro.
149, rue Raymond-Losserand, 75014 Paris.
Tél. : 01 45 42 75 00.
(métro : Plaisance).

France Toxicomanie Prévention Jeunesse (FTPJ)
38, rue Texel, 75014 Paris. Tél. : 01 43 20 18 18. (métro : Gaîté).
Ouvert du lundi au vendredi de 9 h 30 à 13 h 30.

Des actions nationales

Généralistes et toxicomanie
Contact : 01 46 83 43 73, entre 9 h 30 et 12 h 30.

Grande Écoute
61, avenue Simon-Bolivar (17, allée Louise-Labbé), 75019 Paris.
Tél. : 01 42 06 46 47. Actions de prévention grand public.

Sur minitel

3615 TOXITEL
Service télématique géré par France Toxicomanie Prévention Jeunesse avec un annuaire des centres d'accueil et de soins spécialisés en France, la liste des centres de documentation et différentes rubriques d'informations.

3617 TOXIBASE
Base de données qui rassemble et diffuse de la documentation nationale et internationale sur les toxicomanies.

Bibliographie

Curtet (Francis), *Idées fausses sur la défonce*, Flammarion, 1988.

Curtet (Francis), *La drogue est un prétexte*, Flammarion, 1996.

Maxence (Jean-Luc), *Aide aux toxicomanes*, collection « Les Grands Moments », Droguet et Ardant, 1993.

Olievenstein (Claude), *La drogue*, suivi de : *Écrits sur la toxicomanie*, collection « Idées », Gallimard, 1978.

Tito, *Madrid*, Casterman, 1994. Une bande dessinée destinée aux 10-15 ans de la série « Tendre Banlieue ».

Villardière (Bernard de la) et Nouzille (Vincent), *L'Anti-Drogue*, Le Seuil, 1994.

Les mots de la drogue

Acide
LSD.

Accro (être)
Vient de « s'accrocher ». C'est être dépendant d'une drogue, ne plus pouvoir s'en passer.

Caillou
Crack.

Came
Drogue. Se camer : se droguer. On dit aussi « dope ».

Chit (ou shit)
Haschisch.

Coke
Cocaïne.

Dealer
Revendeur de drogue (*to deal* = distribuer). Faire un deal, c'est faire une transaction de drogue.

Décrocher
Arrêter de prendre de la drogue.

Défonce
Toxicomanie. Se défoncer : se droguer.

Fixe
Injection intraveineuse. Se fixer : se piquer.

Flash
Sensation de plaisir intense lors d'une injection.

Hasch
Haschisch.

Herbe
Marijuana.

Héro
Héroïne.

Joint
Mélange de haschisch ou de marijuana et de tabac. On dit aussi « pétard » ou « tarpé ».

Junky
Toxicomane utilisant la voie intraveineuse.

Kepa
Paquet contenant de la drogue, en général de l'héroïne.

Ligne
Dose de cocaïne absorbée par voie nasale. On dit aussi « rail ».

Overdose
Prise d'une forte dose de drogue pouvant entraîner la mort.

Plan
Combine pour se procurer de la drogue.

Poudre
Héroïne, parfois cocaïne. On peut dire aussi « blanche ».

Raide (être)
Être complètement défoncé. On peut dire aussi « stone ».

Shoot
Injection intraveineuse. Se shooter : s'injecter de la drogue par voie intraveineuse.

Shooteuse
Seringue.

Sniff
Prise nasale de drogue. Sniffer.

Teuch (ou teush)
Haschisch.

Trip
Dose de LSD, ou « voyage » au LSD.

Glossaire

Amphétamine : Médicament provoquant une excitation du système nerveux central.

Antalgique : Médicament qui calme la douleur.

Anxiolytiques : Médicaments qui calment l'anxiété et l'angoisse.

Asepsie : Méthode préventive pour s'opposer aux infections en empêchant l'introduction de microbes dans l'organisme.

Barbituriques : Médicaments constitués à partir d'un acide dont les dérivés sont utilisés comme somnifères.

Endocardite : Inflammation de l'endocarde (membrane interne du cœur).

Hépatite : Maladie du foie, d'origine toxique ou virale.

Hépatite A : provoquée par le virus A de l'hépatite et transmissible par voie orale.

Hépatite B : transmissible par piqûres.

Hépatite C : transmissible par piqûres et provoquée par un virus qui diffère des deux précédents.

Métabolisme : Ensemble des transformations qui s'accomplissent dans tous les tissus humains de l'organisme vivant.

Méthadone : Stupéfiant de synthèse proposé comme alternative à l'héroïne.

Néocodion : Médicament contre la toux à base d'opium.

Opiacés : Produits à base d'opium.

Paroxystique : Extrêmement intense.

Psychosomatique : Se dit d'un trouble physique dont la cause est psychologique.

Septicémie : Infection générale très grave causée par le développement de germes dans le sang.

Stupéfiant : Substance toxique agissant sur le système nerveux et dont l'usage provoque une dépendance.

Subutex : Stupéfiant de synthèse proposé comme alternative à l'héroïne.

Index

Dans la collection *Les Dicos Essentiels Milan*

Dans la collection *Les Essentiels Milan*

Responsable éditorial
Bernard Garaude
Directeur de collection – Édition
Dominique Auzel
Secrétariat d'édition
Véronique Sucère, Anne Vila
Correction – révision
Accod - Jacques Devert
Iconographie
Sandrine Batlle,
Anne-Sophie Hedan
Illustration
Jean-Claude Pertuzé
Conception graphique– Couverture
Bruno Douin
Maquette
Jean-Paul René
Fabrication
Isabelle Gaudon
Sandrine Sauber-Bigot
Flashage
Exegraph

Aubin Imprimeur, 86240 Ligugé
D.L. janvier 1999. - Impr. P 57597